너도 가서
그리하라

너도 가서 그리하라

ⓒ 생명의말씀사 2019

2019년 7월 31일 1판 1쇄 발행

펴낸이 | 김재권
펴낸곳 | 생명의말씀사

등록 | 1962. 1. 10. No.300-1962-1
주소 | 서울시 종로구 경희궁1길 5-9(03176)
전화 | 02)738-6555(본사) · 02)3159-7979(영업)
팩스 | 02)739-3824(본사) · 080-022-8585(영업)

지은이 | 김진환, 전재규

기획편집 | 유선영, 정정욱
디자인 | 박소영
인쇄 | 영진문원
제본 | 정문바인텍

ISBN 978-89-04-10125-2 (03230)

저작권자의 허락없이 이 책의 일부 또는 전체를
무단 복제, 전재, 발췌하면 저작권법에 의해 처벌을 받습니다.

너도 가서 그리하라

김진환
진재규

일본과 한국의 지난 역사는 이렇듯 한 개인의 삶을, 아니 이에 연관된 수많은 사람들의 삶을 수렁으로 몰아넣고 말았던 것인가? 이를 누가 보상해 줄 수 있으며, 그들의 아픔을 누가 매만질 수 있단 말인가? 과연 이들을 치료할 약이 있으며, 이들이 바라볼 미래의 소망은 있을까? 이런 생각에 잠기자 제인은 다시 그녀 할아버지를 떠올렸다. 플레처 할아버지는 잘 알지도 못하는 한국 사람들을 위해 자신의 삶을 희생하셨다. 그리스도의 사랑과 목숨을 가지고 이들의 병든 영혼과 육신을 치료해 주셨다. 그렇다면 해답은 결국 복음에 있는 것이 아닐까? 한국인이 자신의 쓴 마음을 뒤로하고 그리스도의 마음으로 일본을 품고 복음을 전하는 것만이 해결책이 아닐까? 이것이 자신의 아픔을 치료하고 상대의 어둔 눈을 열게 해주는 유일한 길이라는 확신이 그녀의 머리를 스쳤다.

생명의말씀사

차례

추천사 06
글머리에 10

1. 청라언덕에서 14
2. 애락원 설립 100주년 22
3. 복음이란 무엇인가 34
4. 하나님이 준비하시다 44
5. 구로키 쿠니히코 64
6. 선한 영향력 92
7. 공덕 기념비 102
8. 스위치를 켜라 114

9. 일본을 용서하자 124

10. 안동 성소병원 136

11. 싱가포르 키쿠수이 클럽 150

12. 메스와 십자가 166

13. 지옥에서의 탈출 180

14. 작은 사슴 섬 194

15. 일본인의 눈물 204

16. 플레처 애락 선교센터 224

17. 겨자씨 심는 마음 234

작가의 말 252

추천사

역사의 흔적, 오늘의 자리

오늘의 근대화된 대한민국은 개신교가 이룬 업적이다. 파란 눈의 낯선 이방인들이 사람이 살 수 없을 것 같은 땅 조선을 찾아왔다. 한 손에는 예수 그리스도의 복음을, 다른 손에는 사랑을 들고 수만 리 길을 마다하지 않고 바다를 건너온 것이다. 그들은 자신의 청춘을 이곳에 다 쏟아부었다. 그들의 헌신과 업적은 시대가 흘러도 기억되어야 한다.

이 책 『너도 가서 그리하라』는 의료 선교사 아치볼드 그레이 플레처(Archibald Gray Fletcher)의 한국 사랑과 섬김을 그의 손녀의 눈을 통해 생생하게 그려냈다. 단순한 역사 소설을 넘어, 무뎌진 우리의 마음을 다시 개간하는 도전 그 자체로 다가온다.

소설에 등장하는 공간적 배경에 대해 익숙하지 못했던 김진환 작가는 어느 날 청라언덕의 은혜정원에 있는 선교사들의 묘비문을 읽고 감동을 받았다고 한다. 작가는, 이 고장에서 일제 강점기와 한국 전쟁 그리고 선교사들의 사역을 직접 겪은 전재규 총장과 만나게 되었는데, 이는 단순한 만남을 넘어 이 책을 세상에 내놓기 원하시는 하나님 섭리의 시작이 되었다.

　국내외적으로 선교 사역이 예전 같지 않다. 아직까지는 선교 대국이라는 명칭을 유지하고 있지만, 정치, 문화, 교육 등의 모든 영역에서 선교에 대한 제약들이 계속 늘어나는 추세다. 이런 상황에서 이 작품은 대한민국이 어떻게 세워진 나라인지, 국가적으로 힘든 시기를 통과하고 있는 지금 우리가 어떠한 그리스도인이 되어야 하는지를 일깨운다. 교회가 어디에 집중하고 무엇을 해야 하는지 시대적인 사명을 불러일으킨다. 또한 교회와 나라를 더욱 사랑할 수 있도록 다음 세대를 독려하기도 한다.

　이 책이 나오기까지 수고해 주신 전재규 명예 총장님과 김진환 작가님께 감사의 뜻을 전한다.

이승희
대한예수교장로회 합동 총회장

추천사

감동적인 문학의 결정체

『너도 가서 그리하라』는 100여 년 전의 향토를 무대로 펼쳐지는 감동적인 문학의 결정체다. 이 책의 공동 저자인 대구 태생의 전재규 명예 총장과 경남 사천 출신의 김진환 작가는 아름다운 조합을 이루어 귀한 작품을 내놓았다.

전재규 명예 총장은 교계와 학계에 널리 알려져 있는 의료인이자, 전공 서적 외에 10여 권의 책을 쓴 작가이기도 하다. 특히 향토사에 관한 남다른 관심과 연구 실적을 보여주고 있다. 김진환 작가 역시 「문학과 의식」을 통해 등단한 작가로서, 단편소설 『한탄강 가을바람』, 소설집 『솔냇골 부엉이』, 장편소설 『언니나 다해라』 등 수십 편을 집필한 중견 작가로 이 작품은 개화기의 한반도가 숙명적으로 안고 있었던 어두움 속에 의료 선교라는 거룩한 빛을 들고 온 플레처 선교사의 생애를 바탕으로 한다. 작가는 플레처의 손녀가 한 일본인과 만나는 과정을 통해 한국과 일본 사이에 있는 갈등을 풀 실마리를 제시하고 있다. 또한 작품의 무대인 청라언덕, 대구제일교회, 애락원, 소록도, 안동 지역의 교회와 병원을 비롯해 일본과 여러 지역을 최대한 활용하고 있으며, 실존하는 인물들을 등장시키기도 한다. 이렇듯 사실을 바탕으로 서술함으로써 작품의 현실감과 현장감을 살리고 있다.

『너도 가서 그리하라』는 우리가 지금까지 소홀히 여겼던 선교사들에 대해 올바르게 인식하며 접근할 수 있는 기회를 제공해 줄 것이다. 또한 그들이 뿌린 씨앗을 더욱 자라게 하는 계기가 될 것이다. 이 일에 작지 않게 기여한 두 분 저자에게 감사드리며, 이 작품이 두루 읽히기를 기대한다.

이수남
전 대구 소설가협회장

글머리에

　이번에 생명의말씀사에서 출간하는 소설 『너도 가서 그리하라』는 한국 문단과 교계에 여러 가지로 시사하는 바가 크다. 특히 3·1 운동 100주년을 보내면서 내외 정세가 심상치 않은 이때, 100년 전 머나먼 이 땅을 찾아와 몸과 마음을 다해 헌신한 플레처의 행적과 숭고한 뜻을 되짚어 보는 것은 그러한 의미에서 더욱 값지다고 생각한다.
　필자는 의료계와 대학에 종사하면서, 개화기 이후 대한민국이 처한 여러 가지 상황을 관심을 가지고 연구해 왔다. 특히 1999년 동산의료원(구 동산기독병원) 설립 100주년 기념사업으로 『동산의료원 100년사』를 집필하여 출간한 바 있다. 그때 집필과 관계가 있는 역사 자료를 수집하는 데 많은 어려움을 겪었다. 그중에서 '대구 3·1 운동사'에 관해 많은 오류가 있다는 사실을 확인하게 되었다. 이를 교정하는 작업을 하면서, 1885년 어간에 개신교가 조선에 전래된 때부터 개화기가 시작되었다는 사실과, 그리하여 개신교가 근대사의 초석이 되었다는 사실을 깨달았다. 또한 청라언덕에서 이루어진 여러 가지 역사적인 사실을 살펴보면서, 개신교 장로교파가 대한민국의 초석을 놓았음도 알 수 있었다.

　그런데 안타깝게도 국정 역사 교과서에는 기독교가 대한민국에 어떠한 영향을 주었는지 언급되어 있지 않다. 그 결과, 이 땅의 많은 청소년들이 교육 현장에서 기독교란 말을 들어보지 못하고 있는 실정이다. 이러한 역사 왜곡의 실상은 필자에게 숙명적인 과제를 안겨 주었다.

　이 책의 공동 저자인 김진환 작가는 경남 사천 출생으로 삼천포고등학교 교장을 역임한 교육자이자 소설가다. 그는 지난해 대구의 청라언덕과 그 주위를 역사적인 관심을 가지고 돌아보던 중 우연히 필자와 만나는 일이 있었다. 우리는 그 만남을 계기로 정리되지 못한 역사적 사실들을 소설의 형식으로 바르게 재현하자는 데 뜻을 모았다. 이를 위해 수많은 협의와 자료 수집을 거치면서 집필에 이르게 되었다.

　이 작품은 플레처 선교사의 한국 사랑과 봉사 및 복음 전파의 40년 생애에서 일어났던 숨은 이야기를 그의 28세 된 손녀의 눈과 발을 통해서 재생한다. 이 과정에서 복음의 참된 의미를 풀어 나간다. 또한 이 책에 등장하는 인물들의 믿음이 자라나는 과정을 눈에 보이듯 서술함으로써, 초신자나 전도 대상자에게도 유익할 것으로 믿는다.

독자 여러분의 많은 지도가 있기를 바라며, 아름다운 장정으로 펴낸 생명의말씀사 관계자 분들께도 감사의 마음을 전한다.

전재규
대신대학교 명예 총장

1.

청라언덕에서

지난해 김한수는 집안 사정으로 오래 살 붙이고 살던 고장을 떠나, 근대 역사의 도시라는 광역시로 이사를 했다. 정든 고장의 그림자를 묻고 돌아서는 발걸음이 못내 더뎠다던 어떤 이의 심경이 이런 거구나, 하고 생각하며 도심 중간쯤, 층수가 한참 되는 아파트 중턱에 짐을 부려 놓았다.

세간이 대강 제자리로 찾아 앉은 날, 젖힌 커튼 창밖으로 우뚝 솟은 건물들 너머, 달성의 비슬산 몸통에서 멀뚱히 떨어져 번화한 시가지를 구경하러 나오듯 자락을 앉히고 있는 앞산이, 그의 유년 기억 속의 앞산과 같은 이름이라는 생각을 했다.

그리움은 세월만큼 쌓여 있다는데, 마침 이곳 중구에는 골목 투어라는 이름으로 근대로의 여행안내 현수막이 거리 곳곳에 나붓거리며 달려 있었다. 골목 투어의 코스가 여럿이었는데 청라언덕이라 적힌 두 번째 코스에 그의 눈길이 멈췄다. 청소년 시절 국민가요처럼 불려 아련한 그리움으로 스며 있는, "봄의 교향악이 울려 퍼지는"으로 시작하는 「동무 생각」에 나오는 청라언덕. 높다랗고 질펀한 언덕배기에 송이송이 백합화가 바람결에 날리는, 꿈에나 보았을 언덕을 그려 보며 실감 나게 현장을 맛본다는 설렘을 안고 나들이에 나섰다.

청라언덕을 찾아간다는 한수의 말을 귓결로 들은 안내 기사는 말한다. "손님, 여기서 내려 저쪽 호텔 뒤쪽으로 역방향이긴 하지만 3·1 독립 만세길이 있는데, 그 길로 오르면 모두 청라언덕입니다." 그가 가리킨 대로 제일교회 담장과 동산 아파트 경계 사이로 가지런한 계단을 오르니, 과연 청라언덕이라는 표지판이 반갑게 서 있었다.

그리움에 갇힌, 질펀하게 푸른 언덕 백합화는 보이지 않았지만, 한 세기 전의 여러 모습이 경이롭게 다가온다. 거기 널찍한 자연석에 새긴 동무 생각 노래비.

"봄의 교향악이 울려 퍼지는 청라언덕 위에 백합 필적에."

작곡 박태준 작사 이은상. 작곡자가 작사자 앞에 적혀 있다.

청라언덕은 푸른 담쟁이덩굴이 얽힌 언덕이다. 이 고장에서 태어난 박태준은 백합처럼 흰 저고리 교복의 신명학교 여학생을 흠모했던 때를 그리며, 당시 마산의 같은 학교에 근무하던 시인 이은상에게 사연을 일러 주어 노랫말을 쓰게 했다는 일화는 전설처럼 널리 퍼져 있었다.

그런데 동산 언덕에는 생각지도 않은 선교사들의 집이 있었다. 1906-1910년 사이에 지어진 선교사 스윗즈, 블레어, 챔니스의 집으로서, 각각 선교 박물관, 의료 박물관, 교육·역사 박물관 등의 용도로 활용되고 있었다. 집 안에는 당시 선교사들이 가져와 쓰던 의료 기구와 교육 자료들이 진열되어 있었다.

100년 전, 그분들은 척박한 이 땅에 무엇을 하러 왔을까. 그것도 2, 3년 임무 햇수만을 채우고 떠나지 않고 반평생의 청춘을 묻었다니. 한수는 엉뚱한 의구심이 일었다. 여태껏 별다른 관심 없는 역사에는 무렴하게 지낸 자격지심이었던가. 오늘은 별스럽게 드는 자괴감으로, 이 고장의 오래지 않은 역사의 흔적을 새삼 살펴봐야겠다는 마음을 다졌다.

용도가 달라진 선교사들의 주택을 돌아 나오다가 잔디로 단장된 "은혜정원"이라는 팻말의 묘지를 보았다. 안내 표지판의 글을 물끄러미 읽고 있는 그의 등허리에 갑자기 소름이 돋았다.

은혜정원

"우리가 어둡고 가난할 때 태평양 건너 머나먼 미국에서 와서, 배척과 박해를 무릅쓰고 혼신을 다해 복음을 전파하고 인술을 베풀다가 삶을 마감한 선교사와 그 가족들이 여기 고이 잠들어 있다. 지금도 이 민족의 복음화와 번영을 위해 하나님께 기도하고 있으리라."

선교사들이 남긴 흔적, 살던 집과 의료 기구와 교육 자재들, 눈에 보이는 이러한 물체가 아닌 보이지 않는 영혼 같은 것이 숨어 있었던 것을 대수롭지 않게 넘기고 지냈다는 사실을 깨우친 소름과 떨림이었다.

며칠 전 한수는 희움 일본군 위안부 역사관을 둘러보았을 때의 일본군의 만행이 아직 뇌리에서 떠나지 않고 있는데, 이 '은혜정원'이 주는 충격은 도대체 무엇이란 말인가?

그것은 복음이었다.

'이곳에 뼈를 묻은 이분들은 지금도 이 민족의 복음화와 번영을 위해 하나님께 기도하고 있으리라.'

이 민족이란 이분들의 민족이 아닌 이 땅 우리 한(韓)민족이다. 머나먼 이국땅에서 생전에 못다 이룬 복음화를 죽어서도 바라며 기도할 것이라는 표현이다.

그는 잠시 하늘을 보며 심호흡을 가다듬었다. 서울 마포구 양화진에는 동산 언덕의 은혜정원보다 훨씬 큰 외국인 선교사 묘원이 있음을 모르지는 않았지만, 오늘 이 은혜정원이 주는 충격은 새삼스럽다. 복음! 복음의 정체는 무엇이며 하나님의 존재는 어떻다는 말인가?

한수는 수년 전 그의 고향에서 어떤 연유로 교회에 등록하고, 주일에 성경이 든 가방을 메고 교회에 나가 예배를 드리는 일상이 있었다. 이웃에게는 교회에 나가는 사람이라는 인상을 주었으나, 성경 한 번 통독하지 못한, 종교인이라는 이름에 족했던 교인이었다는 부끄러움이 갑자기 밀려들었다. 복음의 진정한 의미를 모르고 알려고 애쓰지도 않은 알량한 교인 앞에 다가온 이 심상찮은 의문이 그의 뇌리를 치고 있었다.

돌아오는 길에 동산 언덕 오른편 병원 골목을 내려오며 잠시 휴게실에 들렀다가 탁자 위에 놓인 신문을 보았다. 사회면 3단짜리 박스 기사가 그의 눈에 띄었다.

"나환자 치료의 선구자 플레처의 후손들 동산의료원 방문"이라는 제목 아래 다음 글이 실려 있었다.

"동산기독병원 제2대 병원장이었던 아치볼드 플레처 선교사의 손자들 내외가 이달 말일 K 대학 동산의료원을 찾는다. 로버트 플레처 내외와 존 플레처 내외, 대구 애락원 이흥식 이사장 등 일행 8명이다. 이들 방문단은 외국인 선교사와 가족들이 묻혀 있는 동산의료원 은혜정원과 100여 년 전 선교사들의 주택이었던 의료 박물관과 선교 박물관 등을 둘러보며, 플레처 할아버지에 대한 흔적을 찾고, 추모의 시간을 가지며, 대구 애락원 설립 100주년 기념행사에 참석할 예정이다."

애락원이란 서구 내당동에 100년 역사를 지닌 나환자 수용 시설이다.

'아, 이분들도 오늘 내가 다녀온 동산 언덕을 둘러본다는 말인가. 이것은 우연일까. 어쨌거나 이번 달 말일이면 아직 한 주쯤 지나야 한다.'

그는 이 행사에 꼭 가 봐야겠다는 마음을 먹고, 구체적인 내용을 알아보려고 연락처를 메모하고 휴게실을 나왔다.

며칠 후, 참석 대상은 애락원에 적을 두었던 원생이나 특별 연고자이지만, 별다른 출입 제한은 없으며 관심 있는 시민의 참석은 환영이라는 대답을 들었다. 이 행사를 기다리면서 한수는 플레처 원장의 삶의 적나라한 애환이나 공적과 아울러 그 후손들의 발걸음에 은근히 마음이 쓰였다.

2.

애락원 설립 100주년

시월의 마지막 날 오전 10시, 애락교회 앞에는 3단 화환이 즐비하게 둘러서고 애락원을 살아간 원생 등 내외빈 600여 명이 참석하여 성황을 이루었다.

개회사와 더불어 은은한 배경 음악에 감싸인 내레이션이 깔리고 있었다.

"기독교 의학의 역사에는 리빙스턴, 슈바이처 그리고 한국에서 활동한 알렌과 에비슨, 윌리엄 포사이드 등 수많은 영웅이 있다. 그들은 하나같이 초라한 진료소에서 사역을 시작했다. 오늘, 이 고장에서 의료 선교 역사에 위대한 공헌을 한 아치볼드 플레처 원장의 영웅적인 헌신을 다시 기려 본다. 천형병(天刑病)이라면 누가 두렵지 않았을까. 여기 천년을 대물림한 공포를 사랑으로 승화시킨 충격과 변화는 세계사적인 기적에 다름 아니다."

이어서 경과보고와 축사, 후손 대표의 소감 등의 순서가 진행되면서, 애락원에 담긴 100년의 역사가 감격의 파노라마로 재현되고 있었다.

미국인 선교사 아치볼드 그레이 플레처는 당시에, 나병환자가 불구의 몸으로 거리에서 음식을 구걸하는 것을 보고 깊은 고뇌로 밤을 지새운 일이 있었다고 전해진다.

온갖 풍파를 겪어 온 애락원(愛樂園)의 역사는 대구 제중원(현 동산의료원)의 초대 원장의 뒤를 이어 플레처가 제2대 원장으로 부임한 후에, 근처 남성정(南城町)에 초가집을 마련하고 나병환자 20여 명을 수용한 것에서 출발했다고 한다. 이후 1913년에 영국 나병환자 구료회에 호소해서 받은 기금으로 애락원의 시초인 대구 나병원을 설립하게 되었다. 현재의 애락원은 1916년에 부지 13만 제곱미터를 확보하면서 건립되었다. 시설 중앙에 교회를 세우고 그 주변에는 환자 숙소를 배치했다. 원생 수는 80명에 이르더니, 1936년에는 662명에 육박하는 영남 지역에서 가장 큰 한센인 보호 시설이 되었고 1950년대 전성기에는 1,161명에 이르렀는데, 100년이 지난 오늘 애락원생 수는 20명으로 줄어 격세지감을 느끼게 한다는 것이었다.

장손인 로버트 플레처는 "할아버지와 아버지가 늘 그리워하던 동산의료원과 애락원을 방문해 이곳에서 이루신 할아버지의 업적을 볼 수 있어서 뜻깊고 감회가 새롭다"고 했다.

한수는 참으로 자랑스러운 할아버지에 훌륭한 후손이라는 생각을 떨칠 수가 없었다.

식이 끝나고 애락원의 이모저모를 돌아보는 시간에, 원생들이 추억담으로 들려주는 옛이야기가 귓결에 수를 놓고 있었다. 병원 부속 교회가 설립되어 전담 목사까지 두었는데, 거의 모든 환자가 세례를 받고 교인이 되었다고 한다. 주일 학교 학생만 2백 명을 넘었고 환자 교인들은 성경 공부에 열정적이었는데, 마태복음부터 디모데후서까지 암송하는 맹인환자도 있었다고 한다.

당시 나병환자들은 소록도에 5천 명, 여수 애양원에 660명, 대구 애락원에 644명이 있었고, 전국 각지에 숨어 살던 환자를 포함하여 모두 8천 명 정도 되었다고 한다. 해방과 함께 수용소에서 풀려난 환자들은 한국 전쟁을 겪으면서 극도의 궁핍 속에 내버려지게 되었다는 아픈 이야기도 있었다.

이렇게 100주년 기념행사가 성황리에 끝나고 사람들은 아쉬운 듯 삼삼오오 헤어졌다. 플레처 원장 후손의 일행은 내당동의 한 식당에 안내되어 주최 측 인사들과 함께 점심 식사를 나눈 뒤, 한국에서 며칠 더 머무르다가 돌아갈 것이라고 일정을 밝혔다.

100년 전 그들의 할아버지가 이 땅에 발을 내디뎠을 때, 빈곤과 질병과 무지로 황폐했다는 사실을 모르는 편이 나았겠다는 엉뚱한 생각이 한수에게 스쳤다. 그때 이 고장의 모습은 참으로 민망스러웠으니, 그 시절을 모르고 살아 왔던 그가 느낀 자괴감이었을지 모른다. 하지만 고마움이야 이루 말할 수 없다는 생각을 하면서, 그는 한국 역사문화 운동본부 사무실로 발걸음을 옮기고 있었다.

그날 밤 호텔에 돌아온 플레처 원장의 후손 가운데, 처음 명단에 없었던 로버트 플레처의 막내딸 제인 플레처가 포함되어 있었다. 제인은

UCLA 학부를 나온 재원으로 이번 플레처가의 증손녀다. 그녀는 할아버지가 그토록 사랑한 한국에 대한 호기심에 별다른 계획도 없이 동참했으나, 할아버지의 행적을 하나하나 알아 가면서 깜짝 놀랄 일이 많다고 한다.

플레처 할아버지는 원래 캐나다 온타리오 주에서 태어났으며, 소년 시절에 고아가 되었으나 친척들을 통해 신앙을 갖게 되었고, 열심히 공부하여 의과대학을 졸업했다고 했다. 이런 사정들을 듣고 제인의 눈은 휘둥그레졌다. 할아버지가 캐나다에서 미국으로 오지 않았다면 오늘날의 그들 일족은 미국에 없었을 것이다. 할아버지가 일찍이 소년 시절에 어떤 이유에서건 부모님을 여의었지만 친척 집에서 하나님을 받아들이고 또 의과대학에 진학할 수 있었음은 단지 공부를 잘해서가 아니라 먼저 착한 인격을 소유했기 때문이라고 제인은 생각했다. 선한 성품이 아니었다면 대학에 들어갈 수 있도록 친척들이 배려했을까? 사진에 나와 있는 젊은 시절 할아버지의 큰 키, 잘생긴 얼굴에 예리한 눈빛 그리고 성글한 미소는 젊은 손녀 제인의 가슴에 존경과 사랑의 감동을 주기에 충분했다.

할아버지는 대학을 졸업하고 개인 병원을 개업했으나, 돈과 명성을 바라지 않고 아이오와에 있는 사마리아 병원에 취업하여 봉사했다. 또한 교회 청년부에서 성경 공부를 인도하며 개인 전도에 힘쓰다가 선교사가 되기 위해 지원했다. 당시 선교사로 지원한 이유는 "복음을 접할 방법이 없는 사람들에게 복음을 전해 주고, 나의 삶을 하나님과 가족에 대한 가장 큰 봉사로 만들기 위해서"였다. 도대체 복음이 무엇이기에 할아버지는 전 생애에 걸쳐 한결같이 그 일에 자신의 삶을 드렸던 것일까?

제인은 나름대로 자신이 그리스도인이라는 자부심을 가지고 있었다. 모태 신앙인으로서 유치부부터 교회에 다녔고, 그래서 학습과 세례를 받은 지도 오래되었다. 학생 수련회나 성경 공부 모임, 봉사 활동 등 그저 교회에서 진행되는 일이라면 빠지지 않았다. 그건 밤이 되면 잠자리에 들고 끼니때가 되면 식사하는 일상과 비슷한 것으로 여겨 왔을 뿐, 할아버지처럼 남을 위해서 평탄한 길을 뒤로하고 어렵고 험난한 삶을 구태여 선택한 것은 아니었다. 할아버지는 당시 가난하고 척박한 한국에 와서 멸시와 천대를 받는 나병환자들에게 관심을 가지고 인술을 펼침으로써, 그리스도의 마음이 무엇인지를 보여주고 실천하셨다.

제인은 성경에 관한 해설서에서 다음과 같은 대목을 보았던 때를 떠올렸다.

"구약 시대에는 나병을 죄가 형상화된 것으로 보거나 하나님의 저주를 받은 것으로 여겼다. 그래서 나병환자는 '부정한 자'라고 선언되었으며, 촌락에서 쫓겨나 살아야 했다. 그러나 예수님은 그들이 겪는 육체적 고통과 정신적 소외에 깊은 연민과 사랑을 가지고 그들을 치유해 주셨다. 제자들에게도 나병환자를 고쳐 주라고 지시하셨다. 이렇게 교회의 구라 사업은 예수님이 시작하셨고 사도들이 계승했다."

제인은 플레처 할아버지가 예수님의 이러한 정신을 따르려는 의지를 가지고 굳게 실천하셨음을 비로소 이해했다. 그런데 이튿날 한국의 한 방송사에서 나온 뉴스와 그 뒷이야기는 그녀의 예정에 없었던 결심을 부추기기 시작했다. 그것은 바로 "이기주의가 지배하는 현대에서 40여 년간 자신의 삶을 한센인들을 위해 봉사한 마리안느와 마가렛을 노벨 평화상 후보자로 추천한다"는 것과 이를 통해 "세계인에게 인권과 자원 봉사의 메시지를 전달할 것"이라는 소식이었다.

마리안느와 마가렛은 누구인가? 제인은 이 뉴스의 주인공들에 관해 귀를 기울여 들었다. 그 이야기는 소록도, 즉 한국에 있는 최대 규모의 한센인 집단 수용소에 두 명의 오스트리아 처녀가 20대의 새파란 나이에 수녀로 와서 40여 년간 한센병 환자와 그 자녀들을 위해 헌신적으로 봉사하는 삶을 살아, 한센병에 대한 편견을 없애고 환자에 대한 인식을 새롭게 하는 등 한센병 퇴치와 계몽에 큰 역할을 했다는 것이었다. 그런데 그들은 나이가 들자 그들 자신이 오히려 부담을 줄까 염려하여, 어느 날 편지만 남기고 조용히 본국으로 떠났다고 한다. 플레처 할아버지 외에도 그녀와 같은 또래의 처녀가 헌신적으로 섬겼다는 사실이 제인의 뇌리에 마치 계시처럼 스쳐 갔다. 할아버지 플레처와 이 여인들의 희생정신은 바로 그리스도의 정신이다. 비록 할아버지는 미국 북장로교 출신이고 마리안느와 마가렛은 유럽 가톨릭 출신이었지만 말이다.

플레처 원장의 후손들이 한국에 도착한 지 사흘이 지난 아침이었다. 제인은 일찍 일어나 침실 밖으로 나와 호텔 베란다에 서서 넓게 조경

아치볼드 플레처 원장의 후손 일행

한 뜰을 내다보았다. 파란 가을 하늘이 멀찌감치 올망졸망한 산자락에 내려앉아 있었다. 한국은 LA보다 계절이 앞서 오는지 아침 기온은 꽤 쌀쌀하다. 바다가 어디쯤 있는지, 태평양 연안 바닷바람을 쐬고 자란 제인은 좁은 한반도에서 온통 산만 보인다고 생각했다. 할아버지가 그토록 사랑했다는 한국의 산과 하늘이다. 할아버지는 저 산과 하늘을 바라보면서, LA의 그것들과 비교하며 명상에 잠기지는 않았을까? 가난하고 불우하고 어려운 환자들 생각에 온통 시간을 다 보내고 있지는 않았을까?

제인은 어머니와 아버지가 벌써 잠자리에서 일어나셨겠다는 생각이 들자 307호실 쪽으로 발걸음을 옮겼다. 마침 복도에 어머니가 나와 서성이고 있었다. 제인은 오랜만에 만난 사이처럼, 어머니, 잘 주무셨는지요, 하고 반갑게 인사했다.

"그래, 잘 잤다. 너는 일찍 일어나서 혼자 어디를 갔었니?"

"네, 한국의 아침 공기를 마셔 보려고 베란다에 나가 봤어요."

"11월 초입인데 한국은 초겨울 공기가 코끝에 시리구나. LA보다는 계절이 조금 앞서가는 것 같지?"

"네, 그런 것 같아요. 그런데 이 도시는 바다가 보이지 않고 동서남북이 온통 산으로만 둘러싸여 있네요. 높지는 않지만요."

"그래서 이 도시를 분지라고 한단다. 겨울에는 다른 도시보다 조금 더 춥고 여름에는 오히려 더 더운……."

두 모녀는 모처럼 아침 산책을 하며 낯선 한국의 기후에 대해 가벼운 대화를 나누었다. 그때 제인이 불현듯 말했다.

"어머니, 아버지 일어나셨지요?"

"응, 벌써 일어나셨지. 아마 텔레비전 보고 계실 걸? 그런데 왜?"

"방에 들어가서 엄마 아빠께 긴히 말씀드릴 게 있어요."

"그래, 그럼 들어가 보자꾸나."

제시카 여사는 긴하게 할 얘기가 있다는 딸의 말을 듣자마자 방금 나온 방문을 활짝 열고 들어갔다.

"여보, 제인은 일찍 일어나 바깥에 나와 바람을 쐬고 있네요."

잠옷 가운만 입고 앉아 있던 로버트 플레처는 뒤따라 들어오는 딸을 보고 소파에서 돌아앉으며 말했다.

"어, 제인, 일찍 일어났구나, 어서 와."

"아버지는 편히 주무셨어요? 기분은 좀 어떠세요."

"응 그래, 괜찮다. 여기 앉아라."

제인이 오른편 소파에 앉자, 어머니 제시카가 입을 열었다.

"얘가 우리한테 꼭 할 얘기가 있대요."

그 말을 듣자 로버트 플레처는 서둘러 자리에서 일어나 텔레비전을 끄며 정색하고 앉았다.

잠시 침묵이 흘렀지만 활달한 제인이 조심스럽게 입을 열었다.

"아버지, 저 한국에 좀 더 머물러 볼까 해서요."

"아니, 갑자기 무슨 계획이라도 생긴 거니? 며칠 동안 말이지?"

"얼마 동안이 아니고 장기간이에요."

"그건 중대한 일인데 직장은 어떡하고? 이번에는 휴가를 1주일만 얻었잖니?"

"네, 그렇습니다. 좀 더 구체적인 계획을 세워, 귀국하는 대로 본사에 들러 사정을 말해 볼까 해요."

"아니 제인, 네가 그렇게 해야 할 이유가 있니? 이번에 한국에 오기 전까지는 그런 계획이 없었잖아?"

옆에서 듣고 있던 어머니가 놀란 표정으로 물었.

제인은 대학을 졸업하고 난 1년 뒤에 LA 타임스에 정규직 사원으로 채용된 입사 2년 차 기자다. LA 타임스는 1881년에 설립되어 퓰리처상을 수십 차례 수상한 명성 있는 신문사다. 뉴욕 타임스, 워싱턴 포스트

등과 함께 미국 내에서 발행 부수로 5위권 안에 든다.

"네, 어머니, 저도 고민을 좀 했어요. 플레처 할아버지가 생각보다 훨씬 많이 한국을 사랑하셨다는 걸 여기 와서 보았어요. 일본이 당시에 무력으로 강제 추방을 하지 않았다면 여생을 이곳에서 다 보냈을지도 모를 정도로요."

"그건 사실이야. 여러 기록이 남아 있고, 또 우리가 여기 와서 보았듯이, 할아버지의 공적을 이 고장 사람들은 사무치게 감사하고 있어."

로버트 플레처는 확신에 찬 어조로 말했다.

"할아버지는 '복음을 접할 방법이 없는 사람들에게 복음을 전해 주고, 나의 삶을 하나님과 가족에 대한 가장 큰 봉사로 만들기 위해서'라고 하셨죠. 할아버지의 한국 사랑이 복음에 기초하고 있다는 사실을 깨달은 순간, 할아버지께서 걸어가신 길을 조금이라도 걷고자 하는 마음이 생겼습니다. 이것이 저의 부족한 믿음 생활을 진정으로 회개하는 방법이라고도 생각했고요."

"그래, 그 마음이 갸륵하구나. 하지만 할아버지 시대와 지금의 한국은 사정이 다르고, 또 지금 너는 그럴 형편이 아니지 않니?"

"네, 그런데 저는 이제껏 상투적인 믿음의 범주를 넘어서지 못하고 있었다는 걸 깨달았어요. 저는 아직 친한 친구 하나에게도 진심이 우러난 전도 한 번 못하고 있는 걸요. 한국에 오면 제가 할 일이 있을 것 같아요."

"결심이 보통이 아니구나. 사람이 자기 마음으로 일을 계획하더라도 그의 걸음을 인도하시는 분은 오직 여호와시라고 했다. 이제 보니 네게 성령의 인도하심이 있는 것 같다. 그렇지 않아도 제인 너에게 하나님을 경외하는 마음이 부실해서 늘 마음에 걸렸다."

주변 사람들은 선교사 집안의 자녀인 제인이 으레 신실한 믿음 생활을 꾸리고 있을 거라고 믿었으나, 그녀의 부모는 제인이 복음에 대한 확신이 부족함을 잘 알고 있었다. 따라서 그들은 제인의 결정이 자신의 신앙심을 다질 수 있는 좋은 기회라고 여겼다. 마침 플레처 조부님의 둘째 아들 도널드 플레처께서 오랜 기간 집필해 오신 플레처 조부님의 한국에서의 일대기가 곧 출판될 예정이었기에, 제인이 선택하는 길이 그것과 궤를 같이하는 뜻있는 일이라고 생각했다.

성구까지 인용한 아버지 로버트 플레처의 말은 자신의 결심을 어머니와 함께 전격적으로 허락한다는 뜻으로 제인은 받아들였다. 그리하여 그녀는 귀국하여 LA 타임스를 사직했고, 이 고장에 있는 대학원에 입학하기 위해 필요한 서류를 준비하여 다시 한국에 나오기로 했다.

복음이란 무엇인가

로버트 플레처의 막내딸 제인 플레처가 한국에 남아, 할아버지의 공적을 답사하고 그분의 한국 사랑의 뜻을 배우려고 한다는 소문이 났다. 애락원 관계자들은 그 결정이 참으로 귀하다고 여기면서도, 한편으로는 송구스러운 걱정이 앞서기도 했다. 특히 별리추(플레처의 한국 이름) 원장의 공로를 깊이 알고 존경한 K 의과대학의 한병규 교수는 손녀 제인의 뜻을 참으로 높이 평가하며 환영했다. 더구나 미국 명문 대학 출신으로 LA 타임스에서 일하는 그녀가 직장을 정리하고 이 고장 K 대학원에 진학하여 한국학을 연구하면서 할아버지의 뜻을 조금이라도 본받겠다고 하니 참으로 귀한 일이 아닐 수 없었다.

　한 교수는 지난해 정년퇴직한 후에 청라언덕에 있는 선교, 의료, 교육·역사 박물관장으로 섬기고 있었다.

　제인이 입학하기로 한 K 대학 국제 교육 센터에는 마침 학부를 졸업하고 대학원에 진학하고자 하는 외국인 유학생에게 한국어 연수비와 생활비 및 정착 지원금 등을 국비 지원하는 제도가 있었다. 그간 유학생들은 한국어 학당에서 양질의 한국 문화와 언어를 연수하여 희망하는 한국 대학원의 석·박사 학위를 취득하는 데 큰 도움을 받았다. 제인은 동산병원이 속한 K 대학 대학원의 한국 문화학과에 입학하여, 할아버지가 그토록 사랑한 한국인과 한국 문화를 깊이 이해하고 그분이 전하고자 했던 복음의 진정한 의미를 체험하고 따르고자 했다.

UCLA 역사학과를 3년 전에 졸업한 제인이 제출해야 할 서류는 대학 졸업 증명서와 성적 증명서 그리고 한국어능력시험 성적 증명서 등이었다. 한국어능력시험 3급을 통과해야 했지만 대신 한국어 학원 등록증 제출로 갈음할 수 있었고, 외국인 정원 외 입학 특례 조항을 적용하지 않아도 서류 심사에 무난히 합격했다. 제인은 학부를 다니던 당시 한국인 유학생과 친하게 지냈으므로 기본적인 의사소통을 할 수 있었고, 한국어 학원에서도 열심히 한국어를 익혔다. 개강하자 제인은 소문난 명문 대학 출신에 금발의 미인으로서 주위의 시선을 끌기에 충분했다.

Bruin Bear라는 곰 인형이 마스코트인 UCLA. 시가지와 연접해서 하트 모양의 도시를 형성하고, 드문드문 키다리 종려나무가 기린의 목처럼 뻗어 나온 가로수가 서 있는 캠퍼스. 4만여 명의 학생 가운데 대학원생이 1만 2천명으로 석·박사 과정을 밟는 사람이 30퍼센트가 넘는다고 하는데, 제인은 대학원에 진학하지 않고 LA 타임스에 취업하기로 선택했었다. 도서관이 10여 개나 있는 맘모스 캠퍼스에 유일하게 한국 전통 음악과가 개설되어 있어, 한국에 대한 관심이 많았던 제인의 호기심을 끌기도 했었다.

제인은 대학원 봄 학기 수강 신청을 끝내고 기숙사에서 첫 밤을 맞이했다. 낯선 지역에서 생활하는 데 두려움이 없는 건 아니었지만, 이곳에서의 생활을 마음으로부터 원했기에 얼마간의 불편이나 어려움쯤은 즐기며 지내겠다고 각오했다. 두 사람씩 쓰는 기숙사의 침실은 예상대로 좁았지만 그게 불만일 수는 없었다. 유학생은 유학생끼리 조를 이루는데, 제인은 일부러 한국 학생을 룸메이트로 선택했다. 룸메이트는 사흘 뒤에 입사할 예정이었기 때문에 그날은 제인 혼자였다. 그녀는 마지막으로 침실을 둘러보고 전등을 껐다. 침대는 머리 쪽이 벽에 붙어 있고 왼편으로는 창문이 있었는데, 그 창문으로 달빛이 바닷물처럼 쏟아져 들어와 바닥에 빛의 웅덩이를 만들고 있었다.

제인은 방바닥에 꿇어앉아 기도했다.

"사랑과 은혜의 하나님, 고맙습니다. 저는 100년 전 이 땅 한국에 평생을 바쳐 복음을 전하신 플레처 할아버지의 믿음과 사랑을 찾아보려고 이곳에 왔습니다. 저는 아직 복음의 진정한 의미도 모릅니다. 친구 하나 전도한 적도 없고요. 하지만 할아버지의 거룩한 믿음을 따를 수 있는 길로 저를 인도해 주세요. 예수 그리스도의 이름으로 기도합니다. 아멘."

기도를 끝낸 제인은 침대에 누워 한참을 생각했다. 선교사들이 전하려고 했던 복음의 진정한 의미를 가슴으로 느낄 수 있는 길은 어디에 있으며, 가난하고 헐벗은 사람, 환부가 짓물러 진물이 나고 썩어 손발이 문드러지며, 코와 눈까지 실명하게 되는 천형의 나병환자들을 특별히 긍휼히 여겨 우선적으로 치료하고 삶의 방도를 찾도록 백방으로 힘쓰신 할아버지의 인생철학은 또한 어디에서 나왔을까? 골똘한 생각으로 기숙사의 첫 날 밤을 뒤척이다가 스르르 잠에 들었다.

첫째 주 강의가 시작되었다. 어제는 교수님들과 만나는 오리엔테이션이 있었다. 대부분이 K 대학 학부 출신이었으므로, 오리엔테이션은 행정 사항과 강의 시간 배정에 중점을 두었다. 제인은 한국의 대학과 그녀가 선택한 학과를 둘러싸고 있는 모든 환경에 관심을 기울이기 시작했다.

우선 대학의 상징물인 비사(飛獅)는 대지를 박차고 창공을 나는 날개 돋친 사자라고 한다. 사자의 용맹과 위엄은 수호와 승리를 상징하고, 날개는 빛의 근원을 찾아 날아오르는 영혼의 몸짓을 의미하며, 우렁찬 포효는 거룩한 처소에서 만인을 부르시는 여호와의 뜻을 세상에 전달하는 소리를 뜻했다.

"여호와의 뜻을 세상에 전달하는 소리"라는 대목에 제인의 시선이 머물렀다. 역시 그녀는 그리스도인이기는 한 모양이다. 그녀 모교의 상징물에 여호와의 뜻이 새겨진 곳은 없었다. 그런데 이 학교는 여호와의 뜻을 찾아 실천하고자 하는 의지가 솟구치고 있지 않은가.

제인이 학부에서 전공한 역사학과와 유사한 K 대학 대학원의 학과는 역사 고고학이었다. 하지만 고고학을 전공하기 위해서는 연구를 새롭게 시작해야 했기에, 제인은 한국 문화학과에 입학하기로 했다. 그런데 선택 과목으로는 동서양 비교 연구를 선택했다. 일본이 한국을 지배한 시기의 동양 근대사에 특별히 관심을 가졌기 때문이었다.

월요일과 화요일에는 수업이 없었기 때문에, 주말을 포함하면 적당한 아르바이트를 할 수도 있겠다고 제인은 생각했다. 때마침 서울에 있는 LA 타임스 코리아에 사원을 모집한다는 광고를 지인으로부터 접했다. 미국 LA 타임스 본사에서도 편집실에서 근무했었기에, 편집 아르바이트가 제격일 수도 있겠다고 생각했다.

제인의 기숙사 룸메이트는 일본학과에 다니는 서민지라는 한국 학생이었다. 그녀는 전북 군산 출신으로 J 대학 영문과를 졸업했으나, 나름의 기대와 계획을 가지고 K 대학 대학원 일본학과의 문을 두드렸다. 달성 서씨 군산 종친회장을 지낸 그녀의 아버지는 K 대학을 잘 알고 있는 분이었다. 민지는 외국인 유학생과 기숙사를 함께 사용했으면 하는 기대가 있었는데, 이번에 서로의 희망 사항이 맞아 떨어진 것이었다. 그들은 처음으로 만난 날, 학교 편의점에서 음료를 마시며 앞으로 잘 지내보자고 웃으며 다짐했다.

그들은 일정한 규칙 없이 되는 대로 소통했다. 그러다 보니 영어와 한국어가 반반씩 섞여 나왔다. 첫마디가 영어면 영어로 된 대답이 나오고 한국어면 한국어가 나왔다. 그간 제인은 어학당에서 열심히 한국어를 공부해 왔는데, 민지와의 이러한 의사소통을 통해 제인의 한국어 실력은 **빠르게 늘었다**. 아침에 민지가 먼저 말을 꺼냈다.

"오늘 아침 메뉴는 뭘 선택할 거야?"

"오늘은 한식을 먹으면 어떨까 해."

"너 한식 먹을 수 있어?"

"얘는, 나를 어떻게 봐? 한국에서 지내겠다는 사람이 한국 음식을 잘 먹어야지."

"오케이, 친한파 자세가 나오네. 나 들으라고 하는 말은 아니지? 근데 나는 한식보다 양식이 좋아."

"양식? 어떤 종류?"

"빵, 잼, 계란, 치즈, 샐러드."

"하하하, 그건 간이식 먹거리 재료야. 인스턴트라고."

"그래, 어쨌거나."

"그런데 나도 사실 마찬가지거든?"

그들은 그렇게 의기투합하면서 스스럼없이 지냈다. 제인이 민지보다 한 살 위였지만 생일이 6개월밖에 차이가 나지 않았기에, 둘은 터놓고 친구로 지내기로 했다.

그간 일본에 관심이 많았던 제인은 강의 시간표를 샅샅이 분석해 본 후에, 일본사학과 비교 사회 문화학 강의를 청강하기로 했다. 담당 교수는 구로키 쿠니히코 조교수였다.

제인은 민지를 통해 구로키 쿠니히코 교수의 프로필을 알아보았다. 그는 30대 초반의 젊은 조교수였다. 도쿄에 소재한 사립 종합 대학 아오야마 가쿠인 대학(청산학원 대학) 출신으로, 국제 사회 문화 정책학부 박사 과정을 마친 국제적 감각을 지닌 일본인이었다. K 대학 일본학과는 학생 정원수도 많고 개설된 강좌도 많았다. 그간 한일 양국 사이에 경제 문화 교류가 활발했기 때문에, 일본 관련 기업이나 신문 방송사, 학교, 어학 관련 업계 등에서 일본학과 졸업생의 수요가 많았다.

제인은 일본에 대한 폭넓은 지식을 습득하고, 일본이 한국을 식민 통치하면서 야만적으로 행동했던 실체를 확인하고자 하는 마음이 있었다. 또한 한국과는 대조적으로 기독교가 일본에서는 뿌리를 내리지 못한 배경에도 호기심이 쏠렸다. 사학도로서의 이러한 관심 때문인지 일본학에 대해 청강하고픈 마음이 올라왔던 것이다.

구로키 교수의 강의를 청강한 첫 번째 시간이었다. 대학원 한국문화학과의 재적 인원은 모두 여섯 명인데 일본학과는 두 배쯤 되는지 강의실이 그득해 보였다.

강의실을 한번 둘러본 구로키 교수가 제인을 발견하고는, 웃음을 띠면서 "아, 한국 문화학과의 제인 양이 왔군요. 환영해요" 하고 가볍게 인사했다. 제인이 청강 신청을 하는 걸 교수가 이미 알고 있었던 것이다. 큰 키에 금발인 미모의 외국인 청강생의 등장은 강의실을 환희 밝히는 듯했다.

제인은 민지와 더욱 친숙해지려고 살갑게 다가섰다. 플레처 할아버지의 흔적을 본격적으로 탐사하려는 데 민지 같은 친구가 있으니 얼마나 좋은가? 기숙사 룸메이트인 민지가 자신이 호기심을 가지고 청강하는 학과를 전공하는 친구라니, 제인은 큰 축복을 받았다고 생각했다. 그렇게 서로 우정을 쌓아 가던 어느 날, 민지가 제인에게 정색하고 말했다.

"제인! 친구로서 꼭 물어보고 싶은 게 있었는데 말이야. 솔직히 제인은 UCLA 역사학과를 졸업했잖아. 게다가 LA 타임스 본사에 취직하기도 했었다며?"

"그래, 그게 뭐 어때서?"

"그런 일류 대학을 나온 데다 멋진 직장까지 얻은 네가 어째서 이 작은 나라 보잘것없는 대학원에 와서 고생을 하느냐 말이야?"

"한국은 미국보다 여러 가지 면에서 자그마하기는 하지만 보잘것없다는 표현은 옳지 않아. 나름의 자기 가치가 다 있는 거니까. 특히 나는 한국이 아니면 찾을 수 없는 절대적인 가치가 있다고 생각하거든."

"그게 뭔데?"

"우리 할아버지의 체취와 복음의 의미와 가치."

"복음의 의미? 무슨 소린지 난 잘 모르겠다."

"그래, 아마 잘 모를 거야. 민지야, 나는 너와 함께 그걸 알아 갔으면 좋겠다 싶어. 나를 도와주는 셈 치고……."

"그래, 어떻게 하면 되는지 잘 모르겠지만 시간 되는 대로 노력해 보지 뭐."

그렇게 민지는 제인이 하는 일과 뜻에 잘 따라 주려고 했다. 제인이 착한 품성을 가지고 있기도 했지만, 뭔가 범접하지 못할 힘을 느끼게 하는 이국 친구라서 더 그랬다.

새 학기가 시작된 지 두어 주가 지난 월요일이었다. 제인이 민지와 함께 본격적으로 플레처 할아버지의 흔적을 찾아 나서는 날이었다. 그날은 강의가 없는 날인데, 민지는 집에 가지 않고 제인과 더욱 친근하게 지내려고 제인의 제의에 따라 동행했다.

플레처 할아버지의 흔적을 가장 많이 지니고 있는 곳은 동산병원을 둘러싸고 있는 청라언덕 주변이라고 제인은 알고 있었다. 근대로의 여행 골목 투어 코스 두 번째가 동산 언덕을 포함하고 있었다. 오늘은 충분한 시간의 여유를 가지고 이 고장의 근대 역사 배경을 더듬어 보기로 했다. 대학 시절 동양 근대사를 공부했으므로 기본적인 정치 문화사의 바탕은 그녀에게 깔려 있는 셈이었다.

동산 박물관은 선교사들이 살던 집을 개조하여 꾸며 놓은 곳이었다.

제인과 민지는 동산 언덕의 교육·역사 박물관과 한국 최초의 사과나무 및 노래비 등을 둘러보았다. 제인은 할아버지 플레처의 이름이 쓰인 구조물 앞에 섰을 때 감탄사를 연발했다.

"민지! 우리 할아버지 이름이 여기도 있어."

제인이 손짓하고 있는 곳에는 지하철 3호선 공사로 인해 옮겨 놓은 동산병원의 옛 중앙 입구 현관이 다소곳이 서 있었다. 제인은 안내판에 쓰인 할아버지의 이름을 보고 어린아이처럼 손짓하며 읽어 내려갔다. 한국어는 더듬거리는데, 영어는 물 만난 잉어같이 주르륵 굴러갔다.

"This structure was the entrance to the old building of Daegu Dongsan hospital, which replaced the western style hospital called Jejungwon······."

"여기 이 구조물이 옛날 우리 할아버지가 세운 병원의 입구를 옮겨 놓은 거라네. 대구 최초의 서양 의학 병원이라는데!"

"그러네, 저기 전철 3호선 공사 때문이었다고 하고."

복음이란 무엇인가 / 43

4.

하나님이 준비하시다

그때 마침 박물관장 한병규 교수가 언덕을 올라오고 있었다. 박물관에 견학을 오게 되면 미리 연락하라는 한 교수의 부탁이 있었기에, 제인은 지난 토요일에 전화를 해두었던 것이다.

제인을 발견한 한 교수가 먼저 알아보고 반겼다.

"아이고, 귀하신 손님들이 오셨군."

제인은 뜰에 들어서는 한 교수에게 머리를 깊이 숙여 한국식 인사를 했다.

"안녕하셨어요?"

"제인 양, 그렇지 않아도 어찌 지내나 하고 궁금했는데 오늘 참 잘 왔어요."

그들은 지난해 애락원 설립 100주년 기념행사에서 서로 인사를 나누었다. 한 교수는 올해 봄부터 제인이 한국에서 지낸다는 소식을 듣고, 행여나 한국 생활에 불편한 점이 많지는 않을까 마음이 쓰였던 것이다.

"참, 교수님께 인사드려. 민지는 제 기숙사 룸메이트에요. 제가 관심이 많은 일본학을 공부하고 있고요."

"안녕하세요. 서민지입니다. 교수님 이야기는 많이 들었습니다."

"아, 그래요. 만나서 반가워요. 제인 양과 룸메이트라니 든든하군. 이 국땅에서 한국을 사랑해서 왔으니, 제인 양을 잘 부탁해요. 서로 불편한 점이 많더라도요."

한 교수는 박물관 실내로 들어가자며, 스윗즈 선교사가 살았다는 선교 박물관을 가리켰다. 한 교수의 방문에 당직이 일어서서 친절히 인사했다.

박물관 실내에는 별도의 의자가 없었다.

"교수님, 아니 이제 박물관에 왔으니 관장님이라고 할게요. 저희 할아버지의 공적에 관한 개요는 100주년 기념행사와 아버지에게서 어느 정도 들어서 알고 있는데요. 보다 상세한 뒷이야기를 많이 들을 수 있으면 좋겠습니다."

"그러지, 아주 좋은 생각이군요."

"네, 감사합니다."

"나는 동산의료원에서 30년 넘게 일해서 별리추 원장의 공적을 나름 잘 알고 있어요. 같이 근무하지는 못했지만, 의료원의 역사와 구전되는 이야기로 미루어 알 수 있듯 오늘의 동산의료원을 있게 하신 분이셨지요. 제인 양이 이미 알고 있는 사실도 있겠지만 시간대별로 한번 정리해 봅시다."

이야기가 길어질 것을 짐작했던지 박물관 당직자는 음료수 서너 캔을 테이블 위에 놓으며 목례했다. 범상치 않은 관람객과 관장의 이례적인 방문에 따른 예의인 듯했다. 한 관장은 고맙다는 제스처를 보낸 후에, 수첩을 꺼내 메모해 두었던 플레처 원장에 관한 역사를 풀어 나갔다. 거기에는 40년 세월 동산의료원의 역사가 스며 있었다.

한 관장은 제인이 이미 알고 있는 그녀 할아버지의 이력에서부터 시작했다.

플레처는 1882년 캐나다의 온타리오 플레처에서 출생했고 장로교회에 입교했다. 그는 소년 시절 부모님을 여의었다. 캐나다에서 고등학교와 직업 전문대학을 졸업한 후에 미국 아이오와 주 수시티로 이사했다. 그는 수시티 메디컬 칼리지를 뛰어난 성적으로 졸업하고, 이어 시카고의 의과대학에 들어가 1905년에 졸업했다. 졸업 후 네브래스카에서 개인 병원을 차렸으나, 2년 뒤 뜻한 바가 있어 선교부에 해외 파견 신청서를 제출했다. 선교사를 지원한 동기는 "복음을 접할 방법이 없는 사람들에게 복음을 전해 주고, 나의 삶을 하나님과 가족에 대한 가장 큰 봉사로 만들기 위해서"였다. 교단으로부터 선교사 발령을 기다리는 동안, 무보수로 병원에 근무하며 병원 운영 경험을 쌓았고 개인 전도에도 힘썼다고 했다. 출발부터 보통 사람과 뜻이 달랐음을 알 수 있는 대목이다.

1908년에 기다리던 해외 선교사 파견이 결정되었다. 그는 태평양을 건너 머나먼 한국에 도착했고, 1909년에 경북 안동에 부임했다. 하지만 심한 병으로 앓아눕게 되었고, 청주에 있는 의사가 와서 치료하여 건강을 되찾았다. 다음 해 여름, 안동에서 600여 명의 환자를 치료하는 기록을 세우고, 안동 성소병원 초대 원장과 안동교회를 창립하는 기초를 다졌다.

1910년 가을에 대구 제중원 제2대 원장으로 취임했고, 이후 제중원을 동산기독병원으로 바꾸었다. 그리고 자신의 이름을 음역한 별리추(繁離秋)를 한국명으로 사용하기 시작했다. 그가 취임한 이후 의료 사업은 빠르게 성장했는데, 연간 1천 명의 입원 환자와 5천 명의 외래 환자를 치료하는 수준이었다. 병원의 명성은 날로 높아져 밀려드는 환자를 감당할 수 없을 만큼 바빴다. 이에 그는 1914년에 미국 선교회에 의사를 추가로 요청했고, 3천 달러 예산으로 외래 진료소를 증축하기에 이르렀다.

1913년에는 나병환자를 수용하고 치료하는 대구 애락원을 설립하면서, 예수님의 사랑과 자비를 전하는 사도가 되었다.

1915년에 그는 매일 75명의 환자를 치료하면서 동시에 복음을 전했는데, 그때 안동에서 일하는 두 살 아래 선교사인 제시 로저스(Jessie Rodgers)와 결혼하게 되었다.

단순한 해설자가 아닌 노숙하고 열정적인 한 관장은 플레처 원장과 동산병원 및 애락원 설립에 관한 이야기를 진지하게 풀어 나갔다. 그것은 플레처 원장의 후손이 자신의 나라와 좋고 편한 환경을 뒤로하고, 한국에 와서 그녀 할아버지의 신앙과 봉사 정신을 깨우치겠다는 뜻을 예사롭지 않게 여겼기 때문이다.

한 관장은 잠깐 쉬자고 하면서 제인과 민지에게 음료수를 권했다. 자신도 두어 모금 마신 후에 이야기를 계속했다.

"이제 애락원 설립과 운영에 관한 대목인데, 별리추 원장은 절실한 목표와 분명한 좌우명을 지녔음을 알 수 있어요. 첫째는 복음 전도, 둘째는 환자 치유와 병원의 경영 관리, 셋째는 전도를 위한 정책 수립의 순서였지요."

1909년에 장인차(존손) 원장이 제중원 근처에 있는 초가집 한 채를 구입해 나환자 10명을 수용하여 간호하고 치료한 것이 나환자 요양 사업의 시초였는데, 플레처는 그 뜻을 전폭적으로 이어받았다. 1912년에 그는 영국 나환자 선교회의 웰슬리 베일리(Wellesley Bailey) 부부를 초청해서 대구 지역의 나환자 실태를 보여주었고, 이를 계기로 애락원을 영국 나환자 선교회의 한국 지부로 세울 수 있었다.

플레처는 나환자들을 단순히 수용하고 치료하는 것이 아닌, 치료한 후에 정상적인 사회생활을 할 수 있게 하는 대책이 절실히 필요하다고 생각했다. 이를 위해 선교 지부의 회원들과 예배하는 자리에서 무릎을 꿇고 하나님께 간구했다고 한다. 그는 아무런 희망 없이 환자를 수용하기만 하는 보호소가 아니라, 더 많은 환자들을 치료해서 세상으로 복귀시킬 수 있는 나병원을 지을 수 있도록 필요한 땅과 재원을 달라고 기도했다. 그 기도에 대한 응답으로 1913년에 영국 나환자 선교회가 2천 달러를 송금하는 일이 있었다. 그리하여 그해 3월 1일에 기존의 나환자

보호소를 대폭적으로 개선해서 애락원을 공식 시설로 등록하게 되었다. 그날이 애락원 설립의 원년이 되었다.

1914년에 플레처 원장은 영국에서 1년의 안식년을 보내면서, 늘어 가는 환자를 수용하고 치료하기 위한 부지와 시설을 확충하기 위해 다각적으로 노력했다. 그 결과, 1915년에 영국 나환자 선교회에서 당시 1만 5천 원을 보내주었다. 1916년에는 시내에서 2킬로미터 떨어진 달성군 내당동 51번지에 4만여 평의 부지를 매입했고, 그 땅에서 우물을 파고 벽돌과 기와를 구워 남녀 병동과 진료실, 예배당, 창고 등을 지어 1917년 6월에 준공했다. 플레처는 모든 시설의 중앙에 교회를 두고 그 주위에 환자 숙소 등을 지었다. 그러한 배치는 나환자를 돌보고 치료하는 사역의 초점이 하나님을 섬기고 그리스도의 복음을 전하는 데 있음을 보여 주었다.

"그런데 할아버지는 안식년에 왜 영국으로 먼저 가셨을까요?"

이제껏 가만히 듣고 있던 제인이 왜 미국이 아니고 영국이냐고 물었다. 참 좋은 질문이라면서 한 관장은 말을 이었다.

"당시는 말라리아 등의 전염병이 무서울 때였는데, 별리추 원장은 나병을 전염병 계열이라고 생각하셨어. 그래서 열대성 전염병을 전문으로 연구하는 런던 열대의학교(London School of Tropical Medicine) 대학원에 3개월 동안 연구하러 가신 거야. 참으로 대단한 열정이시지?"

한 관장은 말을 덧붙였다.

"영국은 세계적으로 일찍이 나병 연구와 퇴치 운동이 일어난 나라였기에 그 방면의 선교 활동도 앞서 있었어. 별리추 원장님은 함께 연구한 사람들을 통해 유용한 정보도 얻으셨겠지? 결정적으로 내당동 부지를 확보하는 밑천이 바로 영국 선교회 인맥 덕분이지 않나 생각이 들기도 하네."

그리하여 1933년에 대구 나환자 선교회 한국 지부 이사회는 2명의 대구 선교사와 2명의 광주 선교사 그리고 1명의 부산 선교사로 구성되었다. 사무실은 대구 남산정 1번지 동산기독병원 내에 세워졌고, 플레처는 이사장(전무 이사)이 되었다. 이를 통해 영국 나환자 선교회로부터 지원을 받게 되어, 더 많은 나환자를 돌볼 수 있게 되었다고 했다.

이러한 의료 선교의 결과로 3년간 이 지역에 28개의 교회가 설립되었다고 1925년에 기록된 보고서는 말한다. 즉, 플레처 원장이 봉직할 때에 세계 의료 선교 역사에 빛나는 사역을 담당했는데, 그것은 동산기독병원의 전도회 조직을 통해 일어난 교회 개척 사역이었다. 전 직원이 전도회원이 되어 병원 내에서 사랑으로 복음을 전했고, 퇴원 환자들의 주소를 잘 관리하여 여러 지방에 지역 교회가 설립되도록 했다. 1920년부터 1940년까지 약 20년 동안 112개의 지역 교회가 설립된 것은 세계 선교 역사에서 유례를 찾아볼 수 없는 일이라고 전해진다.

그러나 플레처 원장이 이끌던 전도회는 일제 강점 말기에 참혹한 시련을 겪게 되었다. 일본은 중일 전쟁을 일으키기 위해 한국을 그들의 병참 기지로 삼아야 했다. 이어 일본은 1941년에 하와이 진주만 습격을 시작으로 무모한 태평양 전쟁을 일으켰고, 따라서 미국인을 적국인으로 간주했다. 모든 미국인을 한국에서 추방하는 법령을 내렸고, 미국인이 세운 교회와 학교 및 병원을 이적 기관으로 여겨 특별히 감시하며 탄압했다.

플레처는 1941년에 가택 연금을 당했다가 풀려나 1942년에 추방되는 과정에서 포로로 중국에 끌려가 사형 선고를 받기도 했다. 하지만 북경에서 미군을 만나 겨우 미국으로 돌아갈 수 있었다. 이 대목에서 제인과 민지는 안타까움과 분노로 표정이 일그러졌다.

플레처는 1946년에 다시 한국에 들어와서 애락원에 머물며 운영을 도왔다. 1952년에 그는 미국 캘리포니아로 귀국했고, 그 후 인도와 멕시코 등지에서 선교 활동을 펼치다 1970년에 88세의 나이로 하나님의 부르심을 받았다. 현재 그의 묘소는 캘리포니아 몬로비아 공원에 있다. 그리고 1년 뒤인 1971년에 부인 제시 로저스도 남편의 뒤를 따라가셨다. 오직 하나님의 부르심을 따라 한국 땅에 와서 수많은 의료 사역을 행한 그의 헌신과 사랑은 영원히 기억하고 기려야 한다고 한 관장은 말을 덧붙였다.

할아버지에 관한 이야기가 끝나자 제인은 한숨을 내쉬었다. 파란만장한 플레처가의 역사와 뿌리를 보는 것 같았기 때문이다.

"관장님, 감사합니다. 그런데 어떻게 일본인은 그렇게 심한 일을 한국 땅에 저질렀을까요?"

"맞아요. 우리 민족에게는 씻을 수 없는 아픔을 남긴 이들이지요."

한 관장의 말에 민지가 겸연쩍은 웃음을 지었다. 일본학을 공부한다는 자격지심이 잠시 스친 모양이었다.

"참, 민지 양은 일본학과에 다닌다고 했지? 일본 제국주의자들의 부당한 행위와 오늘날 일본학을 연구하는 일은 별개야. 오히려 일본을 철저히 연구해서 뼈아픈 역사가 다시는 반복되지 않게 해야겠지."

일본이 우리 민족에게 저지른 고통스러운 역사를 정직하게 대면해야 한다는 한 관장의 말에 힘이 실리는 듯했다.

"기독교와 3·1 운동의 역사는 뗄 수가 없으니, 저기 앞에 있는 독립운동 역사길에 함께 나가 보도록 해요."

한 관장이 자리에서 일어나 선교 박물관을 나섰다. 제인과 민지도 따라 나왔다. 박물관 당직이 입구 바깥까지 나와 일행에게 깊이 머리 숙여 인사했다. 한낮의 정원 뜰에는 봄풀이 다투어 돋아나고 있었고, 싱그러운 바람에 얼굴이 간지러웠다.

다시 들른 곳은 3·1 운동 교육 역사관이었다. 블레어 선교사가 살았던 주택을 박물관으로 꾸민 곳으로, 1층은 조선 시대 서당과 1960-70년대 근대 학교의 교실에 관한 전시실이었다. 2층에는 50여 평의 공간에 당시 사용했던 태극기와 일본군의 총칼 및 복장 등이 진열되어 있었고, 대구 시가지를 축약 지도에 그려 3·1 운동의 진행 상황을 3개 국어로 설명해 놓았다.

제인과 민지는 일본군의 조선인 학살과 위안부 관련 사진을 보면서 연신 안타까운 탄성을 자아냈다.

"어쩌면 섬나라 일본에게 이와 같은 일을 겪었을까요, 관장님!"

가까운 이웃에 살면서 어떻게 이럴 수가 있느냐는 그들에게 한 관장은 차분히 역사적 상황을 설명해 나갔다.

제인은 한 관장의 설명을 듣고 사진을 보면서 가슴이 먹먹해진다고 했다. 민지는 잘 알고 있었던 역사이지만, 그 처참하고 치욕적인 사진을 다시 보니 쓰라린 감정이 올라온다고 했다.

제인은 동양 근대사를 공부했기에 일본에 관해서 기본적인 사실은 알고 있었다. 일본은 1854년에 미국의 무력에 굴복하고 문호를 개방했다. 서구의 군사적인 위력을 느낀 일본은 하층 무사들을 주축으로 에도 막부를 타도했다. 국왕 중심의 새로운 정권이 성립되어 개혁이 일어났는데 그것이 바로 메이지 유신이다. 700년에 걸친 무인 정치가 막을 내리고 중앙 집권제가 강화되었다. 또한 산업 육성과 군비 확충을 위해 부국강병 정책이 시행되었다. 이를 통해 일본의 근대화가 국수주의와 군국주의 그리고 제국주의로 치닫게 되었다. 그 결과 이웃 나라인 한국에 미친 영향이 이렇게도 참혹했던 것이다. 이 생각에 잠겨 있을 때, 한 관장은 말을 이었다.

"군국주의나 제국주의는 둘 다 약소국을 정복하여 지배하려는 사상이지. 그런데 일본이 한국 땅에서 전쟁 준비를 할 때 제일 상위에 둔 사상은 바로 군국주의지. 그 폐해가 오늘날까지 이어지고 있는 대표적인 사례가 바로 위안부 할머니들이야."

"아, 관장님. 실은 한국의 위안부 문제도 제가 연구하고자 하는 주제에요."

위안부라는 말이 나오자 제인이 얼른 받아 관심을 보였다.

침울한 마음을 뒤로하고 역사박물관을 나왔을 때, 따스한 봄 햇살이 점심시간이 되었음을 알리고 있었다.

"오늘 우리나라의 쓰라린 근대 역사에 관해 듣느라고 수고들 했어요. 나는 오랜만에 열심히 떠들어서 속이 다 후련하네. 오늘 점심은 내가 살 테니 저쪽 시내로 갑시다."

"아니에요, 관장님. 그렇게 열심히 말씀해 주셨는데, 오늘 점심은 저희가 모셔야 하는 거잖아요?"

민지가 발랄한 어조로 유쾌하게 나섰다. 제인도 그렇다는 표정을 따라 지었다.

"하하하, 그래. 말만 들어도 고마워요. 좌우간 저리로 내려가지. 내가 잘 아는 식당들이 많으니까."

역사관을 나온 세 사람이 내려오는 길은 90계단으로 이루어진 3·1 운동길이었다. 대구 3·1 운동 당시 학생들이 도심으로 모이기 위해 통과했던 솔밭 길이었다고 한 관장은 설명했다. 이 솔밭 길은 주로 학교와 교회가 중심이 되어 통과한 길이었기에 3·1 운동길로 지정되었다. 그런데 제인이 제일교회 담장 쪽에 부착된 사진 한 장에 눈을 멈추고 있다가 소리쳤다.

"모든 집이 다 1층짜리네요. 너무 아름다워요."

이 사진에 담긴 장소가 1907년의 대구읍성이라는 설명을 보고, 그곳이 플레처 할아버지가 선교사로 왔을 초기의 모습이었음을 제인은 짐작했다. 그랬다. 동산 언덕에서 내려다본 오봉산과 금호강 주변에서 빨래하는 아낙네와 넓은 들판에 자리 잡은 단층 초가집들은 실로 전원풍이었다. 비록 한국의 도시라고 해도 그때에는 가난한 시골 풍경이었던 것이다.

"자, 이제 그만 보고 저쪽 큰길로 걸어 나가요."

세 사람은 3·1 독립 만세길을 내려와 멀찍이 계산성당을 바라보며 달구벌대로 계산오거리로 나왔다. 번화한 시내를 처음 보는 듯, 제인은 대로에 있는 건물들 간판을 흘금거렸다. 영어로 쓰인 간판이 많아 제인은 읽기 편한 모양이었다. 한 관장은 백화점 식당가가 환경도 쾌적하고 메뉴 선택도 편할 것이라고 생각했다. 그래서 그들은 앞에 있던 현대백화점으로 향했다. 에스컬레이터를 타고 8층 식당가에 도착할 때까지 제인과 민지는 몇 차례 두리번거렸다. 사람들은 멀쑥한 제인을 살가운 눈으로 쳐다보았다.

한 관장은 어떤 음식이 좋겠냐며 물었으나, 아무거나 잘 먹는다는 그들의 말에 일식집과 이탈리안 레스토랑을 지나 불고기 전골이 그려진 '숭희가든'으로 앞서 들어갔다. 한 관장이 먼저 자리에 앉았고 제인과 민지가 맞은편에 앉았다. 음식을 주문한 후 한 관장은 기도를 드렸다.

"사랑이 많으신 하나님! 오늘은 하나님을 뜻깊게 사모할 이들을 만나 이 점심 자리에 왔습니다. 오로지 복음 전파에 한평생을 보내고 하나님 곁으로 가신 별리추 원장님의 손녀가 이 고장에 왔습니다. 할아버지의 복음 역사(役事)의 자취를 찾아 기리고자 하는 사명을 품고 있습니다. 이들의 갸륵한 뜻을 미쁘게 여겨 걸음을 인도하여 주소서. 예수 그리스도의 이름으로 기도합니다. 아멘."

제인은 평소에 식사할 때나 새로운 일 혹은 상황에 직면했을 때 하나님께 기도하는 습관을 지니지 못했음을 새삼 깨달았다. 이런 문화를 처음 접한 민지 역시 호기심 어린 눈으로 이들을 바라보았다.

창가의 가장자리에 앉은 제인은 잠시 8차선 달구벌대로를 내려다보며 문득 LA의 집을 그렸다. 조금은 그리웠던 모양이다. 그녀는 문득 LA 산타모니카 비치에 있는 버바 검프에서 노을을 바라보며 새우를 맛보기 위해, 가족과 함께 30분 이상 기다린 지난날을 떠올렸다. 검프의 분위기와는 사뭇 달랐으나, 오랜만에 지인과 함께 식사하는 이 장소가 고향 생각을 불러일으키는 듯했다.

"관장님, 오늘 기대치 않은 역사 공부와 맛있는 식사 정말 감사합니다."

제인이 보조개가 파이도록 웃음 지며 말했다.

"저도요."

합창처럼 민지도 따라했다.

"잘 먹었다니 좋군요. 그런데 한국 속담에 '쇠뿔도 단김에 빼라'는 말이 있는데 제인 양은 그 말뜻을 알까? 영어로 하자면 아마 'Strike while the iron is hot'일 텐데."

한 관장은 미국에서 학위를 받고 수년 간 생활하기도 한 터라 웬만한 영어는 구사할 수 있었다.

"처음 듣는 말인데요. 쇠가 달구어질 동안이라니요?"

"'쇠뿔도 단김에 빼라'는 말은 한번 시작한 일을 지체하지 말고 완성하라는 의미잖아요."

한국말에는 자신 있다는 표정으로 민지가 말했다.

"맞아요. 미국에서는 소의 뿔을 달구어 뽑을 일이 없을 테니까. 그건 그냥 해본 소리고, 혹시 오전에 이어서 오후에도 답사를 하면 어떨까 해서 말이야."

"네, 저희는 좋지요. 민지 너도 괜찮지?"

"물론이지. 오늘 하루는 너 제인을 위해 내 시간을 몽땅 헌납하기로 했잖아."

그때 마침 한 관장의 휴대폰이 울려 전화를 받았지만, 두어 시간 뒤라야 시간이 나겠다면서 전화를 끊었다.

"자, 그럼 오후에는 별리추 원장님이 애락원을 설립하기 전에 평신도로서 다닌 교회를 가 보도록 해요. 바로 청라언덕 아래 세워진 대구 최초의 교회인 제일교회지."

백화점을 빠져나온 일행은 머지않은 거리에 위치한 제일교회 옛 본당을 찾아갔다. 약령시장 골목을 천천히 걸으며 한 관장이 말을 이었다.

"우리 민족이 일제에 항거한 역사는 기독교와 밀접한 관계가 있어요. 우선 3·1운동 민족 대표 33인 중에서 기독교계 인사가 열여섯 분으로 절대다수를 차지하고 있는 것만 봐도 알 수 있지."

"아, 정말 그렇군요."

민지가 맞장구를 쳤다.

"제일교회는 대구에서 제일 먼저 생긴 교회인데, 미국 북장로교 선교사들이 세웠지요. 그러니까 별리추 원장의 선배 선교사들이 세운 교회지."

"민지야, 고마워."

가만히 듣고 있던 제인이 갑자기 민지에게 고맙다고 인사했다. 민지는 어리숭한 표정으로 말했다.

"고맙긴 뭐가 고맙단 말이야?"

"나는 하나님도 믿고 우리 할아버지 역사를 찾아보는데, 너는 교회에 다니지도 않잖아?"

"애는 또 무슨 소리라고. 하긴 그렇긴 해. 그런데 나 오늘 너 때문에 배우는 게 너무 많아. 기독교 복음의 가치와 항일 민족 독립운동에 관해 그리고……. 정말 충격과 감동이 번갈아 다가오고 있어."

두 사람의 이야기를 듣고 있던 한 관장이 끼어들었다.

"허허, 두 친구의 이야기를 들으니 나도 오늘 시간을 낸 보람이 있네요. 아주 멋진 우정이야, 금란지교라고. 두 사람의 우정이 쇠처럼 단단하고 난초처럼 향기롭다는 말이지."

그들은 동산 언덕 아래에 온통 청라(푸른 담쟁이덩굴)가 짙게 감싸 안고 있는 구 제일교회 본당을 찾아갔다. 역시 120여 년의 세월이 묻어 있는 건물이다. 전시된 교회의 역사가 파노라마로 펼쳐져 있었다. 한 관장이 해설자 없이 코너마다 설명했다.

"우리가 오전에 들른 청라언덕 박물관 앞에 '여호와 이레의 동산'이라는 기념비가 있었지요?"

"네, 제가 사진을 찍어 두었어요."

제인이 사진을 저장해 두었다고 휴대폰을 열었다.

"아, 그걸 언제 찍어 두었지? 역시 뭔가 다르다니까. 거기 있는 글을 한번 읽어 볼래요?"

"네."

제인이 잠깐 머뭇거리다가 또렷하게 읽어 나갔다.

"The garden of Jehovah Jireh.

At this location a gentle hill outside the old walls of Daegu protestant Christianity was established and grew to become a major part of religious life in Korea. In 1899, three inspired American……."

아담스, 존슨, 부르언 선교사의 이름이 나오자 한 관장이 말을 끊고 나섰다.

"음 그래, 이곳은 대구 기독교의 발상지로서 19세기 말 미국 북장로교 선교사 세 분이 이곳을 선교의 중심지로 삼아 '여기, 우리가 선 이 땅이 여호와 이레의 땅이다'라고 외쳤다고 전해지지." 한 관장은 계속해서 다음의 말을 이어 갔다.

제일교회는 처음에 대구성 남문안 예배당이라는 명칭으로 세워졌다. 어느 날 저녁, 애덤스 목사와 대구의 초대 선교사 부루언 목사 그리고 동산의료원 초대 원장인 존슨 박사 이 세 사람이 함께 지금의 동산의료원 언덕 위에 올랐다. 이 산은 달성 서씨의 문중 산이었는데, 성안의 냄새와 소음과 연기에 찌들어 있고 무연고의 묘지도 많아 별 볼 일 없

구 제일교회

는 야산이었다. 그런 이곳에 올라와 사방을 내려다보면서 먼저 부루언 목사가 이렇게 말했다. "이 땅은 창조주 하나님께서 선교를 위해 예비해 놓은 땅이다." 당시 대구읍성을 바라보며 다윗의 망대가 서 있는 예루살렘과 같다고 한 표현대로, 오늘날 이곳을 중심으로 교회와 학교 및 병원이 설립되었고 큰 부흥의 역사가 일어났다. 그분들의 바람대로 동산은 명실공히 대구 선교의 요람이 되었다. 제2기 선교사로 미국 북장로교 소속의 플레처 선교사가 한국에 와서 동산병원을 획기적으로 발전시키고 애락원을 설립하는 큰 역사를 이루었다. 1920년에서 1940년까지 112개의 지역 교회가 세워지는 등의 부흥이 일어나, "한국의 예루살렘"이라는 표현이 뒤따르게 되었다.

구로키 쿠니히코

봄의 중턱이었다. 그 사이 제인은 LA 타임스 코리아에서 편집 아르바이트를 시작했다. LA 타임스 코리아는 서울 강남구 삼성동에 있는 삼화빌딩 내에 있었는데, 아시아 총괄 지사를 겸하고 있었다. 면접을 보러 오라는 연락을 받고 사무실을 방문했을 때, 아시아 섹션을 담당하고 있는 한국 기업을 홍보하고 한국의 소식을 미국에 전하는 일을 해야 한다고 들었다. 미국 본사에서 근무했던 제인에게는 맞춤형 일자리였다.

새 학기도 때를 벗은 듯, 제인은 어느새 한국 생활에 자리를 잡았다. 그리고 전공인 한국 문화학보다는 청강하고 있는 일본학에 더욱 열을 올리고 있었다. 할아버지의 흔적과 복음의 정체를 찾아 이 봄을 헤매고 있는 그녀에게는 일본이 한국인들에게 끼친 영향의 실체를 밝히고자 하는 사명이 덧붙여졌다. 그녀는 금요일 3시에 있는 구로키 교수의 일본 사회론 과목을 청강하고 있었다. 일본의 제국주의 내에 스며 있는 군국주의적인 성향이 약소국 국민에게 미친 영향을 탐구하고자 했던 것이다. 게다가 그녀와 나이 차가 크게 나지 않는 젊은 교수의 강의였기에, 터놓고 담론도 나눌 수 있겠다고 생각했다.

그날 구로키 교수의 수업 내용이 더없이 제인의 관심을 부추겼다.

지난주에 이은 교수의 특강은 한국이 반성하고 일본에게서 배워야 함을 은근히 시사하고 있었다. 한국인이 아닌 제인으로서는 그 강의를 일단 흥미롭게 들을 수 있었다. 세미나실을 겸한 강의실에는 영상 자료도 볼 수 있게 프레젠테이션을 위한 시설이 갖추어져 있었다. 한국말이 전혀 어눌하지 않은 구로키 교수는 천천히 강의를 이어 나갔다.

"한국은 일본을 배워야 한다. 19세기에 조선과 일본은 처한 환경부터가 달랐다. 일본이 이미 근대화를 위한 초석을 다지고 있었던 반면, 조선은 근대화를 위한 기회를 잡지 못했다⋯⋯."

일본이 어떻게 근대화에 성공했고 제국주의로 나아가는 기회를 잡았는지, 그리고 조선은 왜 그러지 못했는지 구로키 교수는 구조적으로 접근하려고 시도했다. 보통 키에 일본인답지 않은 갸름한 용모의 구로키 교수는 진지하고 열정적으로 강의를 진행했다.

민지는 노트 필기하는 데 정신이 팔렸는데, 제인은 휴대용 녹음기를 켠 채 구로키 교수의 표정까지 읽으며 집중하고 있었다. 제인은 주요 과목의 강의를 녹음했다가 저녁에 다시 듣곤 했다. 교수의 강의는 다음과 같이 이어졌다.

"첫째, 이미 고대부터 일본은 한반도를 앞섰다.

인구수나 생산량 등 일본과 조선은 경제적인 기반에서 차이가 있었다. 농업 기반 사회에서는 인구가 곧 국력을 뜻한다. 일본은 현재 국토

면적과 인구수에서 대략 남한의 2.5배다. 그런데 이런 차이가 고대부터 계속 이어져 왔다. 경제력과 군사력만을 놓고 비교했을 때, 삼국 시대에 이미 일본은 한국을 앞서 있었다. 이는 일본이 4세기 후반 가야 지역에 두었다는 임나일본부설을 지지하는 근거이기도 했다.

둘째, 일본은 상시 전쟁으로 훈련된 국가였다.

일본에서는 이미 근대화 이전에 도시와 물류 및 상업이 발달했다. 이는 일본이 명분보다는 실리를 중시했다는 의미다. 그리고 실리를 추구하는 과정에서 전쟁은 필수적이다. 일본이 상시 전쟁 국가라는 점은 전쟁에서 승리하기 위해 갖가지 방법을 궁리했다는 뜻이다.

그에 비해 조선은 그렇지 않았다. 임진왜란 이후 조선이 상시 전쟁에 대비했다면, 청나라에 그렇게 당하지 않았을 것이다. 인조 시절 조선 정부는 무너져 가는 명나라에 대한 의리와 명분론에 매달렸고, 그 결과 청나라가 침략하는 결과를 가져왔다.

조선은 임진왜란 전까지 상시 전쟁 대비 국가의 틀을 잡지 못했다. 10만 명 이상의 군대를 먹여 살릴 만한 여건이 되지 않았기 때문이다. 율곡 이이의 10만 양병설은 이론적으로는 옳았으나 현실적으로는 실행되기 힘들었다. 그것도 조정에서 파당이 나누어져 의견 통일도 이루어지지 않았다. 게다가 조선 농민들의 삶은 어떠했는가? 농민들은 중앙 정부와 지방관들에게서 이중 삼중의 착취를 겪었다.

일본도 전국 시대가 끝나고 막부 체제가 안정이 되자 서양 상인에 문을 닫는다. 기독교에 대한 탄압도 이때 시작된다. 16세기까지만 해도 다이묘들은 서양 상인들과 교역하기 위해 기독교 선교사들의 활동을 허용했는데, 사회를 변화시킬 요인으로 작용할 수 있는 그들의 존재가 이제는 달갑지 않게 되었다. 어쩌면 일본으로서는 당연한 선택일지도 모른다."

이 대목을 들었을 때 제인은 미소를 지었다. 난제 하나를 풀 실마리를 잡았다는 미소였다. 막부 체제가 완성된 16세기 이후 일본이 기독교 선교를 배격했다는 점은 사실이었다. 하지만 그러한 배격이 일본의 당연한 반응이었다고 덧붙이는 구로키의 해석에서 제인은 일본 군국주의 만행의 본바탕을 보는 듯했다. 교수의 강의는 계속되었다.

"셋째, 일본은 섬나라이다.

일본은 외부의 무력간섭 없이 자체적으로 성장할 수 있었다.

이런 섬나라가 외부 교류에 오히려 적극적일 수 있다. 실제로 일본은 16세기 초에 포르투갈 상인들과 교역했다. 17세기에 들어서는 네덜란드와 영국과도 교역했다. 이러한 교류를 통해 일본은 서양 세계가 지닌 힘을 알았다. 따라서 19세기 중반에 개항을 했고, 유신파와 막부파의 내전을 거쳐 메이지 유신을 단행할 수 있었다.

그러나 이 시기 조선은 세도 정치와 삼정의 문란, 벼슬 매매, 족보 위조, 민란 등으로 점점 추락하고 있었다. 일본은 막부 정권이 쇄국 정책을 실시하던 시기에도 네덜란드와의 교역을 이어 갔다. 그런데 조선은 서양과 일체의 접촉이 없었다. 게다가 일본에서 메이지 유신이 시작되던 때에 조선의 대원군은 진정한 개혁을 일으키기보다, 왕권 강화와 왕실의 권위 향상 그리고 조선 왕조의 유지를 위한 개혁만을 시도했다……."

준비된 특강은 여기서 끝났지만, 그는 하고 싶은 말을 다하지 못했다는 듯 군말을 덧붙였다.

"조선은 사실상 임진왜란 때 나라로서의 수명을 다했고, 따라서 다른 나라가 들어섰어야 했다. 그때 이미 국가로서의 기능을 상실했던 것이다. 조선에 새로운 체제가 들어설 마지막 기회는 동학 농민 운동이었는데, 일본군의 참전으로 이 운동은 실패로 돌아갔고, 결국 조선은 일본의 속국으로 전락하는 신세가 되고 말았다.

이제 한국은 일본이 메이지 유신을 통해 성공한 과정을 살펴보면서, 당면한 경제적 어려움을 극복할 혜안을 얻어야 할 것이다. 이러한 관점과 열린 마음으로 일본을 바라보자. 그들에게서 배울 것이 있다면 겸허하게 받아들이자. 아베 총리가 가장 존경한다는 요시다 쇼인은 제자들에게 시대정신을 깨우치기 위해 다음과 같은 좌우명을 세웠다고 한다. '목숨을 바쳐 정성을 다하면 움직이지 않는 게 없다.'"

구로키 교수는 그렇게 말을 맺었다.

동산 언덕의 역사관 등에서 목도한 일본의 소행에 깊이 상심한 제인에게 구로키 교수의 강의는 불편하게 다가왔다. 태평양 전쟁을 일으킨 것이나 한국에서 저지른 수탈과 만행 그리고 위안부 문제는 한마디도 언급하지 않고, 메이지 유신의 성공을 지나치게 강조하는 등 일본의 선견지명만을 은근히 자랑하고 또 조선의 부패와 무능을 부각하고 나열

하는 것 같았기 때문이다. 또 아베 총리가 존경한다는 요시다 쇼인의 좌우명이란 도대체 무엇인가? 한국의 젊은이들 앞에서 일본의 성공과 조선이 일본의 식민지가 될 수밖에 없다는 식의 메시지를 주는 듯했기에, 제인은 구로키 교수가 실례를 범했다고 생각했다.

긴 강의가 끝나자 학생들은 엉거주춤하면서 박수를 쳤다. 학생들은 교수가 강의 중에 보인 일본인 특유의 역사적 관점과 평가로 인해 조금은 자존심이 상한 것 같았다. 제인은 처음에 아무런 반응을 보이지 않다가, 교수가 강의실을 나간 후 민지에게 다가와 물었다.

"민지야, 구로키 교수님에게 질문할 게 많은데, 혹시 오늘 교수님을 만나볼 수 있을까?"

"교수님들은 시간 내기가 쉽지 않지. 아마 오늘은 안 될 거 같고, 내가 기회 봐서 한번 물어볼게."

일본학과 학생들도 얼른 자리를 뜨지 않고 삼삼오오 이야기를 나누고 있었다. 구로키 교수의 강의 내용이 화제가 되는 것 같았다.

그날은 금요일이었기에, 민지는 기숙사에서 저녁 식사를 하지 않은 채 제인과 작별 인사를 했다. 제인은 기숙사에 돌아와 구로키 교수의 강의 녹음을 켜고 주의 깊게 다시 들었다. 위안부 문제는 오늘 강의의 범위에 들어 있지 않다 하더라도, 아베 총리가 가장 존경한다는 요시다 쇼인이 등장할 이유가 있었을까? 한국인의 입장에서는 못마땅할 게 분명한데 말이다.

제인은 컴퓨터를 켠 다음 요시다 쇼인이라는 이름을 검색하기 시작했다.

"요시다 쇼인은 1830년에 출생하여 1859년에 사망한 일본의 사상가이자 교육자이다. '천하는 천왕이 지배하고 그 아래 만민은 평등하다'는 일군만민론(一君萬民論), 일본은 한국을 정복해야 한다는 정한론(征韓論) 등을 주장했다. 그는 조선을 공격하여 인질과 공물을 바치게 한 후, 만주와 대만까지 정복하자고 주장했다. 서양으로부터 대포 제조술과 조선술, 육군 군제 등을 받아들여 근대 일본의 모습을 형성하기도 했다. 또한 일본 우익 세력의 원조로서 이토 히로부미 등에게 큰 영향을 끼쳤다. 그의 제자인 이토 히로부미는 1907년에 조선 조정과 정미 7조약을 체결한 후, 그의 무덤을 찾아가 이것이 조선 침탈의 바탕을 깔아 놓은 대단한 공적이라고 고했다. 요시다 쇼인은 야스쿠니 신사 신위 제1호로 합사되었다……."

제인은 한국인이 이 사실을 알게 되면 가슴이 서늘할 거라는 생각이 몰려왔다. 그렇지 않아도 최근 아베 총리의 정치적 행보가 심상치 않았기 때문이다. 언젠가 제인은 S 대학교 동양사학과 P 교수가 쓴 다음의 칼럼을 본 적이 있었다.

"한국은 역사적으로 980번의 외침을 겪었는데, 그중 90퍼센트가 일본에 의한 것이었다. 전 세계인이 모두 일본을 무시해도 한국인은 일본을 무시하면 안 되고, 전 세계인이 모두 일본을 존경해도 한국인은 일본을 우러러볼 수 없다."

이웃 나라 일본을 바라보는 한국 지식인의 이러한 시각은 하루아침에 형성된 건 아닐 것이다.

  제인은 시계를 보고 자리에서 일어났다. 머지않아 구로키 교수를 만났으면 좋겠다고 생각하면서 저녁 식사를 하러 나갔다.

  이번 주부터 제인은 LA 타임스 코리아에 출근했다. 지사장은 한국계 미국인이었다. 본사와는 사정이 많이 달랐지만, 사람들 모두 친절해서 뭔가 도와주려는 분위기라 생각보다 덜 긴장되었다. 미국 본사에서 근무한 경험이 있었다는 특혜도 한몫했으리라. 그런데 대구에서 서울까지 출퇴근하는 문제가 조금은 복잡했다. 동대구역에서 서울역까지 KTX를 이용한 후 서울역에서 지하철로 환승하여 삼성역에서 하차하는 방법과 동대구에서 서울 고속버스 터미널까지 고속버스를 이용한 후 삼성역으로 가는 차편 중 어느 방법이 더 편할지 앞으로 계산해 볼 일이다. 처음으로 출근하기 전날 밤에 제인은 미리 서울에 도착했고, 월요일에 업무에 관한 오리엔테이션을 받았다. 제인은 혹시 앞으로 월요일만 출근하고 다른 날은 집에서 외주로 근무할 수 있는지 알아보았다. 앞으로 학업과 일을 어떻게 효율적으로 병행할 수 있을지 그 요령을 터득해야겠다고 생각했기 때문이다.

  목요일이었다. 오전에 한국의 차(茶) 문화 수업을 마치고 식당에 갔는데, 민지가 일찍 와서 제인을 기다리고 있었다. 민지가 말하기를, 구로키 교수님을 만나 네 이야기를 했더니, 오늘 목요일은 오후 3시 이후에 시간이 비는데 원하면 자기 연구실로 와도 좋다고 했다는 것이다. 제인은 마음속에 담고 있는 일본에 관한 이야기를 기탄없이 해보라고 마음먹었다. 지난주 구로키 교수의 강의는 근대 일본의 역사적 당위성을 은근히 홍보했고, 조선의 왕실과 관료들의 무지함을 부각했다는 생각이 제인에게서 떠나지 않았다. 구로키는 일본 국적의 교수이기에 메이지 유신 이후의 일본의 정책을 긍정적으로 평가하는 것이 자연스러울 수도 있다고 생각했으나, 한국에 대한 애정이 커져만 가는 제인에게는 그의 주장이 불편하게 다가왔던 것이다.

3시가 조금 지났을 때, 민지와 제인은 구로키 교수의 연구실 문을 두드렸다. "어서 들어와요" 하는 대답이 나온 걸로 봐서, 아마 두 사람을 기다리고 있었던 모양이다.

구로키 교수는 문 앞으로 나와 이들을 반갑게 맞았다. 연구실로 찾아온 학생을 맞이하는 교수의 친절한 태도였다.

구로키 교수가 찻잔을 내오며 말했다.

"한국 문화학과에서는 멋진 한국 차를 다룰 텐데……. 여기에는 이것뿐이네."

"감사합니다. 이름만 한국 문화학과 학생이지, 아직 전 아무것도 몰라요."

제인이 수줍게 웃었다. 어색한 분위기가 잠시 맴돌자, 민지가 먼저 화제를 열었다.

"교수님, 제인이 교수님께 여쭈어 볼 말이 많다고 해요. 미국의 학부에서 배운 동아시아의 역사와 한국에 와서 접해 본 한일 간의 문제에 관한 질문인 듯해요."

"그래요, 책에서 배우는 내용과 현장에서 직접 체험한 내용은 많이 다르지."

구로키는 아직 젊은 조교수였기에, 겉으로는 두 학생과의 세대 차이가 드러나지 않았다.

"지난번 메이지 유신에 관한 강의는 감명 깊게 들었습니다. 메이지 유신이 일본에 가져온 여러 측면의 결과는 생각해 볼 점이 많았던 것 같아요. 그런데 그 후 일본의 군국주의가 가져온 폐해, 이를테면 위안부 문제 등은 언급하지 않으셨더라고요. 혹시 의도적으로 피하셨던 것인지요?"

제인은 이곳에 찾아온 목적을 단도직입적으로 말하겠다는 듯이 당돌하게 말을 꺼냈다.

"아, 일본군 위안부 문제 말이에요? 그걸 일부러 피한 것은 아니고……. 지난번 강의는 20세기 초까지 다루는 거였어요. 위안부 문제는 다음 강의에 속하는 주제이지."

그리고 보니, 위안부 문제는 1940년대 일제 말기에 집중적으로 부각되는 주제가 맞다. 제인은 약자인 한국인의 입장에서 이 문제에 골몰하고 말았던 것이다. 언제부터인가 제인은 속으로는 한국인이 다 되어 버렸다.

미국 유학생의 방문에 호의를 보였던 구로키 교수는 그녀의 엉뚱하고 황당한 질문에 실망하지 않을 수 없었다. 그 질문에 공격적인 어감이 묻어 있는 것 같아 잠시 언짢아지기도 했다. 구로키 교수는 어려운 질문이 아니라서 사실대로 말하기는 했으나, 이 문제는 그에게 아킬레스건이었다. 다음 시간에 다루어야 할 주제였지만, 할 수만 있으면 피하고 싶었던 게 사실이다.

제인이 두 번째 질문을 이어 갔다.

"교수님, 지난번 강의 마지막 부분에서 아베 총리가 가장 존경하는 인사가 요시다 쇼인이라고 말씀하셨는데요. 그분이 어떤 분인지, 그분의 어떤 주장을 아베 총리가 존경하는지 알려 주시면 좋겠습니다."

처음 질문은 질문이라기보다 강의 순서에 관한 문제라 사실대로 말하면 되었지만, 두 번째 질문은 참으로 난감했다. 사실 요시다 쇼인에 관한 내용은 구로키 교수의 강의 초안에 있었던 내용은 아니었다. 일본 우익이 철저하게 신봉하는, 가미카제 특공대의 정신을 주입한 일본의 자존심이 아니던가. 그는 그에 관해 언급한 일이 실수였음을 자각하고 있던 차에, 그 일을 미국 유학생이 직접적으로 들추는 것 같아 이제는 불쾌해졌다.

구로키 교수는 한참 말을 삼키다가 결국 답변했다.

"그건 제인 양이 정말 몰라서 묻는 건가요? 아니면 내 입장을 곤혹스럽게 하려고 질문하는 건가요?"

교수의 억양에는 불편한 감정이 묻어 있었다.

구로키 교수의 반응에 놀란 사람은 정작 민지였다. 민지는 모처럼 교수 연구실에서 편안한 분위기 가운데 이야기를 주고받을 줄로 알았는데, 제인의 난감한 질문에 불쾌해하는 교수의 낯빛을 보고 당황하지 않을 수 없었던 것이다.

"교수님, 얘가 아직 한국말에 서툴러서 말을 직선적으로 하는 경우가 있어요. 양해해 주세요."

민지는 변명인지 대변인지 모르는 말로 어색한 분위기를 넘기려고 했다.

"좋아요. 솔직히 아베 총리의 정치적 행보가 내 마음과 꼭 일치하는 것은 아니에요. 하지만 마음에 들지 않는다고 실상을 왜곡해서 말할 필요는 없겠지."

구로키 교수는 빠른 어조로 말을 이어 갔다.

"요시다 쇼인은 근대 일본의 모습을 형성한 분이지요. 조선 침략을 정당화한 인물이기도 하고. 일본 총리가 그를 존경한다고 밝힌 점이 우리 한국인들에게 불쾌하게 다가오는 건 당연한 이치겠지요. 내가 말할 필요가 없는 얘기를 꺼냈네."

제인의 날 선 질문에 구로키는 잠깐 숨을 고른 후 중용적인 답을 내놓았다. 그럼으로써 그는 제인의 의도된 예봉을 피해 가고 있었다. 제인은 구로키가 "우리 한국인들에게"라고 표현한 것은, 비록 그가 일본인이지만 한국에 우호적인 느낌을 주려는 시도라고 생각했다.

"좋습니다, 교수님. 그런데 한국 속담에 '쇠뿔도 단김에 빼라'는 말이 있던데요. 저도 오늘 말이 나온 김에 좀 더 물어보고 싶네요."

제인은 당돌하게 자기의 소신을 밀고 나갔다. 구로키 교수는 당황한 모습이 역력했건만, 민지는 잡은 기회를 놓치지 않겠다는 제인의 태도에서 알 수 없는 뱃심 같은 것을 느꼈다. 역시 힘 있는 나라, 뼈대 있는 집안의 후손이기 때문일까.

"이건 지난번 강의와는 별개의 질문인데요. 아베 총리는 일본의 야스쿠니 신사가 미국의 알링턴 국립묘지와 같다고 말했던데, 이에 대한 교수님의 의견은 어떠신지요?"

태산을 넘으면 평지가 있는 법인데, 이건 갈수록 태산이다. 구로키는 교수라는 체면 때문인지, 불편한 심기를 억누르고 점잖게 넘어가려고 하는데, 이 무슨 정치적인 색깔의 질문이란 말인가? 이번에는 그도 참을 수가 없었다.

"이것 봐요! 제인 양은 학생인가, 아니면 한국과 일본 사이에 있는 갈등을 부추기는 정치인인가? 듣기가 매우 거북한데, 이제 그만할 수 없겠어요?"

그의 입에서는 한국어와 일본어가 뒤섞여 나오고 있었다. 심지어 그는 의자를 박차고 일어서기까지 했다. 제인은 자신의 얼굴이 상기되었음을 느꼈지만, 마음을 차분히 가다듬고 구로키 교수를 다시 바라보았다. 교수님을 일부러 불편하게 할 생각은 아니었는데, 다만 일본이 조선에서 벌인 온갖 만행과 침략의 역사를 인정하지 않고, 오히려 선진화된 문물을 한국 학생들 앞에서 자랑하듯 늘어놓는 것 같아 마음이 상했다고 솔직히 털어놓았다. 이 역시 교수님의 강의를 편견을 가지고 왜곡하여 해석한 것이라고 제인은 덧붙였다. 제인은 학생으로서 무례하게 선을 넘는 일은 있어서는 안 된다고 생각하면서 억양을 낮추고 있었다.

"교수님, 다시금 죄송합니다. 일반적인 국립묘지와는 다르게 전쟁 범죄자들을 기리는, 아니 전범자들을 상위에 모셔 놓고 참배하는 행위가 행여나 일본의 군국주의 망령을 다시 불러오는 듯한 착각을 일으킬 수 있겠다는 생각이 들었네요. 심지어 미국 유학생인 저에게도요. 그래서 마음을 제대로 가누지 못하고 이러한 제 마음을 드러냈습니다. 죄송합니다. 그리고 솔직히 일본인 교수님으로서 한국과 일본 사이에 있는 이 민감한 문제에 대해 어떻게 생각하시는지 듣고 싶은 충동도 있었네요. 불편하셨다면 대답하지 않으셔도 괜찮습니다."

제인의 이러한 마음과 태도에 구로키 교수는, 비록 자신의 의중을 확인하려는 제인의 접근에 자존심이 상하긴 했지만, 다시금 냉정을 되찾으려고 애썼다.

제인이 그런 질문을 한 배경에는 최근 한국의 언론과 심지어 LA 타임스 코리아에서도 이 문제가 거론되었기 때문이다.

일본의 아베 총리는 몇 년 전 미국의 알링턴 국립묘지와 야스쿠니 신사가 다를 바가 없다는 식의 발언을 했다. 알링턴 국립묘지에는 노예 제도의 편을 든 남군들도 묻혀 있는데, 그렇다고 지금의 미국 정부가 노예 제도를 옹호하는 건 아니지 않느냐는 논리였다. 마찬가지로, 야스쿠니 신사 참배 역시 단순히 전몰자를 추모하는 의식일 뿐, 침략을 미화하는 행위가 아니라고 항변했다. 이러한 총리의 주장이 국제적인 공분을 사고 있다고 여러 언론이 보도했던 것이다.

아무리 일본인이라고 해도 한국 대학에서 가르치는 교수에게 추궁할 사안은 아닌 것 같다고 생각한 민지가 자리에서 일어나며 말했다.

"교수님, 죄송해요. 시간이 많이 늦었는데, 그만 나가시는 것이 어떨는지요? 저녁 식사는 제가 대접하겠습니다."

비록 마음이 상한 그였지만 아무 잘못 없는 민지의 제안을 무시할 상황은 아니었다. 게다가 나에게 질문을 던진 학생은 이 고장에서 높이 평가받고 있는 아치볼드 플레처의 후손이 아니던가? 민지의 제안에 구로키 교수는 별다른 반응 없이 자신의 가방을 챙겼다.

그들이 사무실을 나오니, 유월의 청라가 대학 담장을 파릇한 새잎을 감아 오르고 있었고, 담장 아래로 건축 중인 25층짜리 K 의과대학 건물이 위용 넘치게 다가서 있었다.

구로키 교수가 동천관 대학원 건물 뒤편 주차장으로 발걸음을 옮기려는데, 민지가 그의 가방을 붙잡으며 자동차를 두고도 걸어갈 수 있는 거리라고 살근하게 말했다.

구로키 교수는 못 이긴 체 엉거주춤 민지를 따라나섰다.

민지가 안내하는 식당은 대학원 아래 아트센터를 지나 4차선 자동차길 건너편에 위치한, 산학 협력관 건물 1층에 있는 아담스키친이었다. 대학 캠퍼스와 인접하지만 의외로 점잖은 분위기가 풍기는 레스토랑으로, 학생들보다 가족 단위의 성인들이 찾는 듯했다. 메뉴판을 이리저리 살피던 민지가 맥주도 한 잔 주문하는 건 어떤지 물었을 때, 제인은 고개를 살그머니 가로저었다. 이에 민지는 오늘 같은 날은 한 잔쯤 하는 것도 나쁘지 않다고 제인을 강권하기 시작했다. 이러한 민지의 강권에 제인은 그저 웃어 보였다.

결국 민지는 고소한 향이 풍기는 떡갈비 스테이크와 맥주 두 병을 주문했다.

"민지는 이 레스토랑에 자주 오는 모양이지?"

연구실에서의 살벌한 분위기가 채 가시지 않아서인지 이제껏 말이 드물었던 구로키 교수가 입을 열었다.

"아니에요, 교수님. 다른 데는 가끔 가 보기는 했는데요. 이곳은 처음이에요. 그래도 학교에서 가장 가까운 레스토랑이 여기라 한번 와 보고 싶었어요."

민지는 그저 미소만 짓고 있는 제인을 향해 메뉴판을 내밀었다. 거기에 적혀 있는 영문을 소리 내서 읽어 보라고 한다. 분위기 전환을 위해 일부러 말을 시키는 모양이었다.

"Have a good time with nice people."

그 소리를 듣고 민지가 무슨 뜻이냐고 묻는다.

"좋은 사람들과 행복한 시간을 보낸다, 됐니?"

"음, 그럼 이 표현대로 해야겠네? 우린 모두 좋은 사람들이니까 말이야."

분위기를 바꿔 보려는 민지의 행동을 유심히 살펴본 구로키 교수가 그제야 만면에 웃음을 띠었다.

"둘 다 재미있고 좋은 친구들이네. 국적이 다른데 서로 뜻이 잘 맞아 보여."

이렇게 분위기가 풀리고 말문이 열리려는 찰나에, 제인이 또 눈치가 없는 건지 구로키 교수에게 다시 묻는다.

"교수님, 교수님에 대해 궁금한 점이 또 있는데요. 혹시 교수님은 종교를 가지고 있으신지요? 기독교는 아니실 것 같고요."

제인은 그저 예사로 묻는 말이었지만, 그녀가 바라는 대답이 아닐 거라고 생각한 구로키는 빙그레 웃으며 답했다. 이 역시 교수에게는 편치 않은 질문이었다.

"기독교가 아니라서 미안하네. 일본에서는 기독교인 비율이 전체 인구의 1.5퍼센트를 넘지 않는 것으로 아는데, 다 이유가 있겠지."

"미안하기는요, 교수님. 종교를 믿는 건 각자 자유잖아요. 교수님의 종교가 기독교가 아닌 건 별다른 문제가 아닌데요. 궁금한 건 일본의 기독교 인구가 왜 그토록 적은 걸까요? 혹시 어떤 근본적인 이유라도 있을까요?"

"근본적이라고 할 것까지는 없겠지만, 나 나름대로 분석해 본 자료가 있기는 해. 혹시 기회가 되면 다음에 얘기해 보도록 해요."

주문한 떡갈비 스테이크와 맥주가 드디어 테이블에 놓였다. 민지가 재빨리 쟁반들을 배열했고, 그 후에 맥주병을 들어 컵에 따랐다. 제인도 조금만, 하며 잔을 잡았다.

"교수님, 우리 건배 한번 해요."

잔을 다 채운 민지가 구로키 교수에게 제안했다. 구로키는 잔을 잡고 만지작거리며 말했다.

"건배라……. 건배는 일본말로는 간바이라고 하지. 그런데 영어로는 뭐지? 제인이 잘 알 텐데."

"사실 잘 몰라요. 술잔을 부딪치는 자리를 가져 보지 못해서요."

제인이 망설임 없이 모른다고 하자 구로키 교수가 대신 나섰다.

"미국인들은 간단히 Toast라고 하는데, 어떤 자리에서는 Grace cup이라고도 하지."

누가 대학 교수 아니랄까 봐 건배 하나를 놓고 사설을 붙인다고 생각한 민지가 재촉하듯 말을 받았다.

"아무거나 좋은 걸로 하시지요. 여긴 레스토랑이니 미국식으로 하세요."

그러나 여전히 무게를 잡고 있는 구로키 교수는 모두 잔을 들라 하고, 잔을 맞부딪치면서 Cheers!라고 했다. 구로키와 민지는 고개가 젖히도록 술잔을 비웠다. 제인도 잔을 비우려고 했지만 속도가 더뎠다. 중간에 잔에서 입을 떼려고 하자, 이를 지켜보던 민지가 "아직 남았어!" 하고 외쳤다. 제인이 힘겹게 잔을 다 비웠을 때, 둘은 웃으며 박수를 쳤다. 제인도 따라 손뼉을 쳤다. 그런데 민지가 갑자기 생뚱맞은 질문을 던졌다.

"교수님, 그런데 왜 Cheers라고 하셨나요? 엉겁결에 따라 하기는 했지만, 앞서 말씀하신 Toast나 Grace cup도 아니잖아요."

"음, 그건 말이야. 약간의 호의를 입은 것과 같은 경우에서 고마운 마음을 내포하는 말이라고 할 수 있을 거야. 오늘 우리가 나누었던 대화라고 해야 할까 아니면 토론이라고 해야 할까, 어쨌든 함께 의견을 나눈 것이 의미가 있었다는 생각이 들어서. 내가 화를 좀 내서 미안하기도 했고. 오늘 제인 양이 던진 질문들이 나를 꽤 곤혹스럽게 했는데, 솔직히 과거 일본의 군국주의적인 태도를 짚어 보면 때로는 자괴감이 들 때가 있어. 비록 나 자신도 일본인이기는 하지만 말이야. 하지만 어쩌겠어? 이것이 지울 수 없는 역사적 사실인걸. 사실 나도 이와 관련해서 긴 집안 역사가 있기는 해. 제인 양이 할아버지의 역사를 찾아 머나먼 한국 땅에 왔듯이, 언젠가 나도 기회가 되면 우리 집 이야기도 할 수 있으면 좋겠네."

"아, 그러셨군요. 솔직히 나눠 주셔서 감사합니다."

디저트까지 마무리한 그들이 레스토랑을 나왔을 때, 성서공단 너머 와룡산에 저녁노을이 물들고 있었다. 캠퍼스를 가로질러 동천관 주차장까지 구로키 교수를 배웅한 후에 제인과 민지는 기숙사로 향했다.

"제인아, 너는 어디서 그런 배짱이 나오니? 교수한테 거침없이 물어보고. 내가 오늘 연구실에서 민망해서 죽을 뻔했다."

"그랬어? 정말 미안해. 그런데 너도 알다시피 한국이 지난 세기에 일본에게 수많은 수모를 겪은 건 사실이잖아. 게다가 교수님이 일본 사람이라서 그런지, 내가 좀 격렬하게 반응했던 것 같기도 해……."

제인이 이렇게 말했을 때 민지는 곤혹스러웠다. 어찌 보면 한국인인 자신이 제인처럼 반응하는 것이 자연스럽지 않았을까? 마치 주객이 바뀐 것 같은 느낌이 마음 한편에서 올라왔다.

"구로키 교수는 정치인도 군인도 아니고……그냥 학자일 뿐이잖아."

"네 말이 맞아. 그런데 교수님 일은 그렇다 치고, 일본이 지녔던 그같은 정신과 태도는 어디서 나왔던 것일까? 아마 하나님을 배척하고 멀리하는 마음에서 자라난 건 아닐까? 앞으로 더 연구해 봐야겠지만 말이야."

"하나님이라, 난 신앙을 아직 가져 본 적이 없어서 네 말뜻을 정확히는 모르겠다."

민지의 이 말을 듣자마자, 제인은 어떤 기회를 포착한 듯 말했다.

"안 그래도 민지야, 너에게 할 말이 있었는데. 너 나와 함께 교회 한 번 가 보는 건 어때?"

"교회? 우리 집에는 교회 다니는 사람이 아무도 없는걸."

"그래서 더 하는 말이야. 너라도 먼저 하나님을 만나 보면 어떨까 싶어. 지난번에 우리가 견학 갔었던 동산 언덕 쪽에 교회가 몇 개 있는 것 같던데, 너만 괜찮으면 일요일에 같이 방문하면 좋겠다."

"음……. 그때 나도 그 동산에서 선교사들의 사랑과 봉사 정신에 큰 감화를 받기는 했었지. 좀 더 생각해 볼게."

"그래, 민지야, 고마워. 너도 알다시피 우리 집안은 대대로 선교사와 목사 집안인데도, 사실 나는 믿음이 견고하지 못했어. 그런데 여기 한국에서 할아버지의 자취를 살펴보면서 마음이 달라지기 시작했어. 할아버지의 열정과 헌신을 불러온 그 믿음을, 복음에 대한 감격을 나도 느껴 보고 싶다는 마음이 올라온 거야."

"그랬구나……. 알았어, 이번 주에 집에 가면 부모님께 말씀드려 볼게."

제인은 오늘 하루가 참으로 의미 있는 날이라고 생각했다. 구로키 교수를 만나서 마음속에 있는 말을 다 꺼냈을 때 교수의 반응에 당황하기도 했지만, 차분히 대처하여 무난히 넘긴 것이나, 그래서 오히려 교수로부터 소신이 뚜렷한 학생이라는 신뢰를 준 것 같기도 하고, 또 민지와 더 친밀한 우정을 쌓은 계기를 마련했을 뿐만 아니라 전도할 수 있는 기회까지 잡았으니, 이만하면 최고의 하루를 보냈으리라. 그리고 오늘은 민지를 새롭게 발견한 날이기도 했다. 나의 거친 질문에 마음이 뒤틀렸을 교수를 유연하게 대하고 안내하여, 결국 화기애애한 분위기 가운데 헤어지게 만든 기지. 신뢰할 만한 친구를 한국에서 만났다는 건 제인에게 또 하나의 축복이었다. 이전에는 이런 일이 있어도 그저 운이 좋았을 뿐이라며 넘겼는데, 이제는 하나님께 감사하고 찬양하는 반응이 자연스럽게 흘러나온다.

민지와 제인과 헤어진 구로키 교수는 차를 몰고 자신의 거처로 향했다. 학교에서 3킬로미터쯤 떨어진 집에는 기다리는 다른 식구가 없다. 그는 아직 미혼으로, 서른네 살의 젊은 교수다. K 대학교 국제 대학 일본학과에서 강의를 시작한 지 올해가 4년째로, 작년에 조교수로 승진했다.

제인과 민지가 구로키 교수의 연구실을 방문한 지 두 주가 지난 목요일이었다. 그날은 일본 사회학 특강 시간이 있었다. "일본의 반성"이라는 주제로 진행되는 강의인데, 이 주제 안에 일본군 위안부 문제를 어떻게 다루어야 할지 구로키 교수는 한참을 고민했다. 그는 학자로서의 양심과 일본 국민으로서의 자존심 사이에서 고뇌하고 있는 듯했다.

"일본의 식민지 지배 아래 한국은 어떤 의미에서는 조선 시대 세도 정치가들의 지배 아래 있을 때보다 더 발전했던 것은 사실이다"라는 화두로 강의를 시작했다. 지난번에 제인에게서 예상치 못한 질문을 받은 기억이 있어서인지, 구로키의 강의는 어느 때보다 조심스러웠다.

교수의 강의는 대략 다음과 같이 진행되었다.

일본이 피지배국을 수탈한 일이 있는 건 사실이지만, 미국이나 유럽의 국가들은 자신의 식민지에 대해 일본보다 더 심한 일을 저지르기도 했다.

그런데 일본이 한국을 식민 통치한 것에 대해 큰 잘못을 느끼지 못하는 것은, 미국과 유럽 국가가 식민지 지배로 인해 크게 부유해진 데 비해, 일본은 큰 이익을 얻었다고 생각하지 않기 때문이다. 일본 국민은 자국이 중국과 러시아 그리고 동남아 국가와 계속 전쟁을 했기 때문에 오히려 큰 어려움과 부담을 겪었다. 전쟁을 계속 수행하기 위해서는 경비를 절감해야 하는데, 이를 위해 조선인 노동자들을 데려와 일본의 공장과 광산에서 강제로 일을 시켰다. 그 결과 일본의 국민들은 일자리를 잃게 되었다. 그래서 그들은 자신들이 직접 느끼는 불이익에 대해 큰 목소리를 내기도 했다. 당시 일본은 국가의 일은 군인들이 하고, 일본 국민은 국가의 뒷바라지를 해야 하며, 한국은 노동력과 전쟁 기지를 제공해야 한다는 사고방식이었다.

근대에 들어서 일본은 한국에 차관을 제공하기도 하고, 민간 협력 등을 통해 한국에 도움을 제공하기도 했다. 이는 일본 입장에서는 자신의 과오에 대한 대가로 내놓은 것이었다. 하지만 한국은 그들이 받은 대가가 너무 작다고 생각하며 일본을 비난했다. 반대로, 일본이 한국에 차관을 제공하고, 철도를 건설해 주며, 최신의 의료 기술 등의 여러 기술을 전수해 주었는데, 그래서 한국은 발전할 수 있었는데, 한국은 이를 인정하지 않고 오히려 일본에 계속적인 대가를 요구하고 있다는 목소리도 일본 내에 있다…….

대강 이런 요지로 진행되는 와중에, 분위기를 침통하게 하는 질문이 던져졌다. 항상 과묵하게 경청하기만 하던 권형권이었다.

"교수님, 갑자기 끼어들어서 죄송한데요. 일본 지식인들은 의도적으로 역사를 왜곡하고, 또 일본인들은 그 왜곡된 역사를 배우니까 그런 식으로 인식할 수밖에 없습니다. 자국의 식민 통치가 결과적으로 가져온 혜택을 집중적으로 드러내는 반면, 자신의 과오와 만행에 대해서는 묻어 두거나 말하기를 아예 꺼리는 것이죠. 대표적인 사안이 위안부 문제가 아닐까요? 솔직히 교수님이 위안부 문제를 가볍게 여기시는 것같이 느껴지는데, 저만 그럴까요? 일본은 심지어 열네 살 된 어린 소녀까지 위안부라는 이름으로 끌고 갔습니다. 또 일본이 패전했을 때는 그 여인들을 단체로 학살하고, 그럼으로써 자신들의 죄를 덮으려고 했어요. 피해자 분들이 아직 생존하여 그 실상을 지금까지 목 놓아 증언하고 계시는데, 일본의 지도자들은 이제껏 진실한 사과나 반성도 하지 않고 있습니다. 이 엄중한 사안에 대해서 교수님께서 일본인 지식인의 자격으로 한 말씀 해주시면 좋겠다는 마음이 듭니다. 대단한 사과가 아니라 할지라도요."

형권의 말이 끝나자 여기저기서 웅성대는 소리가 들렸다. 구로키 교수는 침통한 표정을 지으며 무겁게 입을 열었다.

"음, 여러분의 생각은 잘 알겠습니다. 하지만 제가 여러분에게 사과하는 것이 무슨 의미가 있을지, 어떤 생산적인 결과를 가져올지는 모르겠습니다."

"그냥 안타까워서 드리는 말씀입니다. 이러한 주제를 놓고 토론하는 시간에, 교수님께서 우리 한국 학생들의 마음을 달래 주고 공감해 주실 수 있지는 않을까 하는 바람으로 드린 말씀이었습니다."

형권의 이러한 발언에 제인의 귀는 번쩍 뜨였다. 자기뿐만 아니라 한국 학생들도 이러한 생각을 공유하고 있고, 또 그 생각을 소신 있게 발언한다는 사실이 놀랍기도 하고 기쁘기도 했다. 그리고 구로키 교수의 반응 또한 놀라웠다. 일본인인 자신의 감정을 충분히 상하게 할 수 있는 질문이었는데, 게다가 오래전 역사에 대해 직접적으로 아무런 관계도 없는 자신에게 사과하라고 요구하고 있는데, 교수는 그 학생을 힐난하거나 모욕하지 않고 그 상황을 유연하게 대처하는 것이었다.

구로키 교수는 잠깐 머리를 숙였다가 다시 말을 이었다.

"여러분의 반응을 곰곰이 생각해 보니, 여러분이 느끼는 감정 또한 조금은 이해할 수 있을 듯합니다. 어쩌면 저 자신도 이러한 역사와 전혀 무관한 사람은 아니라는 생각이 듭니다."

"교수님, 무슨 말씀이신지 언뜻 이해되지는 않네요……."

여태 상황을 지켜보기만 하던 제인이 교수의 의중을 알고자 입을 열었다.

"그럴 겁니다. 이건 나의 개인적인 이슈니까, 여러분은 그냥 못 들은 것으로 하지요."

강의는 그렇게 끝났다. 그런데 자리에서 일어나는 사람은 없었다. 강의안과 가방을 챙긴 구로키 교수가 학생들 사이로 헤집듯 서둘러 나가고 있었다.

교수가 떠난 강의실에는 무거운 침묵이 흘렀고, 간간히 삐걱거리는 의자 소리만이 들려왔다. 형권과 주변 학생들이 자리를 뜨려고 하는데, 누군가가 목소리를 높였다.

"아니, 형권 선배. 선배 감정은 이해 못하는 건 아니지만, 어떻게 그러실 수 있어요? 일본군 위안부 문제에 관해 사과하라니요. 교수님이 일본을 대표하는 분도, 정치가도 아니잖아요. 또 우리가 이곳 강의실에서 그런 사과를 받을 무슨 자격이 있나요?"

형권보다 두 살 아래인 강명인이었다. 명인의 말도 틀리지 않다는 소리가 간간히 들려왔다.

"그리고 말이죠. 사실 우리 일본학과에 교수님이 열 분 넘게 계시지만, 일본인 교수님은 강사들을 제외하고는 구로키 교수님이 유일하잖아요. 강의도 늘 탄탄하고요. 혹시 이번 일을 통해 교수님이 강의하시는 데 지장이라도 생긴다면 어쩌려고 그러는 건지요?"

그 말이 끝나자마자 또 다른 누군가가 높은 어조로 대꾸했다.

"한국인 젊은이라면 권 형처럼 반응하는 것도 무리는 아니라고 생각해요. 그 말이 틀린 말도 아니고요. 그렇다고 교수님이 앞으로 강의를 안 하시겠다는 것도 아니잖아요?"

강의실은 날 선 논란의 장으로 변모했다.

일본학과 대학원생들의 평균 나이는 서른이 좀 못 되는 듯했다. 한국의 젊은 지성인들 중 일본의 강제 징용이나 위안부 문제에 대해 분개하지 않는 사람은 없지만, 그 해법을 찾아가는 구체적인 방법은 오늘 강의실에서 일어났던 학생들 사이의 논쟁처럼 다양할 수 있었다.

구로키 교수의 마음을 누구보다 잘 이해하고 있는 민지가 말을 덧붙였다.

"권 선배 마음도 충분히 이해가 갑니다. 하지만 혹시라도 교수님께서 이 일을 개인적인 공격으로 받아들이시지는 않을까 하는 염려가 드네요. 그리고 제가 아는 교수님은 일본의 그러한 만행을 지지하시는 분도, 그 정신과 태도에 동의하시는 분도 아니세요. 다들 괜찮으시다면, 오늘이라도 권 선배님이 교수님께 전화 드려서, 본의를 지혜롭게 전달하지 못했던 점에 대해서 사과드리면 어떨까요?"

형권은 민지의 제안에 묵묵히 고개를 끄떡였다.

조용히 지켜보던 제인은 한국의 젊은이들과 일본인 교수 사이에서 일어난 이 대화가 자신도 모르게 아픔으로 다가왔다. 이것이 과거의 역사적 사건을 계속 지고 가야만 하는 한국 학생과 일본인 교수의 운명이 아닌가 싶어 씁쓸하기도 했다.

  제인은 민지와 함께 기숙사 언덕을 오르며, 너 오늘 참 멋지더라, 하며 칭찬을 아끼지 않았다.

6.

선한 영향력

제인은 주일에는 캠퍼스 채플이 아닌 시내 교회에서 예배드려야겠다고 생각했다. 그리고 민지를 효과적으로 전도하기 위해서 새신자 프로그램이 잘 갖춰진, 어느 정도 규모가 있는 교회에 나가면 좋겠다고 생각했다. 청라언덕의 '여호와 이레' 땅에서 가까운 곳으로 일단 마음을 정하고 몇 가지 대안을 살펴봤다. 언덕 아래 자연석으로 첨탑을 이룬 서현교회와 언덕 위에 세워진 제일교회가 눈에 들어왔다. 서현교회는 달구벌대로 변에 위치해서 접근성은 좋았으나, 청라언덕과 자리를 같이하는 제일교회를 밀칠 수는 없을 것 같았다.

제인은 제일교회를 방문하기 위해 2호선 전철을 탔다. 반월당역 18번 출구에서 5백 미터 떨어진 곳으로, 현대백화점과 미소시티 아파트를 거쳐서 도착할 수 있었다. 계산오거리 건너편에는 바로 서현교회가 위치하고 있었다. 제인은 동산 언덕을 바라보며 우측으로 걸어 3·1 만세길을 올랐다.

예전에 민지와 함께 동산 박물관을 방문했을 때 인상 깊게 다가왔던

대구제일교회

교회다. 그때 100주년 기념관과 대구제일교회 구관인 기독교 역사관에서 여러 가지 안내를 받은 적이 있었다. 그 교회 역사관에서 보았던 할아버지의 사진이 아직도 기억에 남아 있었다.

대구제일교회는 유서 깊은 청라언덕에 세워진 120년 역사의 교회다. 고딕 양식의 첨탑이 쌍을 이루어 제인의 시야에 다가왔다. 경건하고 위엄 있는 모습이다. 1895년에 부산에 있던 북장로교 선교 본부가 이곳으로 옮겨 왔는데, 3년 뒤에 기와집 네 동을 교회당으로 사용하면서 그 역사가 시작되었다. 선교사들이 개화를 위해 근대적인 의료와 교육을 전개했던 교회로서, 현재의 예배당은 네 번째 입당한 건물이라고 한다. "미국 북장로교 선교사"라는 말을 접하자 제인은 할아버지 생각에 그저 반가웠다.

제인이 다닌 대학의 도시 내에도 전통 교회가 있었는데, 이곳과는 규모나 분위기가 조금 달랐다. LA를 여행하는 사람들이 주일 예배를 볼 수 있었고, 한국어로 설교를 번역해 주기도 했다. 그런데 제일교회 예배는 과연 어떠할까?

대예배당은 훤칠하고 넓었다. 10시가 넘었는데 아직 2부 예배가 끝나지 않았다. 제인은 복도 적당한 곳에 앉아 3부 예배를 기다리고 있었는데, 왼쪽 벽에 부착된 성구가 눈에 들어왔다.

"하늘에서는 주 외에 누가 내게 있으리오. 땅에서는 주밖에 내가 사모할 이 없나이다. 내 육체와 마음은 쇠약하나 하나님은 내 마음의 반석이시요 영원한 분깃이시라"(시 73:25).

'오직 주님'이라는 말씀이다. 플레처 할아버지의 '오직 주님 사랑'과 아마도 뜻을 같이하겠지? 이런 생각에 빠져 있을 무렵, 어떤 여자 분이 다가와서 말을 건넸다.

"Good morning, Is this your first time to visit our church?"

갑작스레 영어로 물어 오는 질문에 제인도 덩달아 답변했다.

"Ah, yes, yes. 사실 저 한국말을 좀 할 줄 알아요. 오늘 처음으로 예배드리러 왔습니다."

"아, 그래요. 정말 반갑습니다. 한국말을 꽤 잘하시는데요? 혹시 괜찮으시면, 2층에 있는 새신자 대기실로 제가 안내해도 될까요? 3부 예배가 시작하려면 아직 시간이 좀 남았거든요."

안내 집사는 만면에 반가운 웃음을 머금고 제인을 인도했다. 지나가던 교인들은 이 낯선 외국인 아가씨를 조심스레 보고 있었다.

새신자실에는 제인 말고도 두 사람이 더 있었다. 안내 집사는 바쁜 손놀림으로 찻잔을 탁자에 놓고 마주 앉았다. 그리고 주보와 함께 "제일교회와 함께하는 시간 여행"이라는, 교회의 오랜 역사가 담긴 인쇄물을 주었다. 그리고 덧붙이기를, 3부 예배에는 특별히 외국인을 위해 설교를 영어로 통역해 주고 있으니, 혹시 이용하고 싶으면 리시버를 준비하겠다고 했다. 제인은 타국인을 배려하는 교회의 친절에 감사한 마음을 표현했다.

2부 예배가 끝난 후 예배당이 정리되고 있는 중에, 제인은 오른쪽 좌석 중앙 부분에 마련된 새신자 자리에 안내 집사와 나란히 앉았다.

11시 20분, 흰 가운에 군청색 띠를 드리운 찬양대 80여 명이 기악 파트 20여 명과 함께 자리를 잡으니, 교회가 그득한 긴장으로 설레었다. 드디어 3부 예배가 시작되어 정해진 순서에 따라 예배가 진행되다가 담임 목사의 설교가 이어졌다.

담임 목사는 무거운 말씀을 드려야겠다고 운을 떼며 말했다.

"우리 민족은 일본 제국주의의 침략으로 인해 주권을 빼앗겼습니다. 그 후 10년이 지났을 때 독립 만세 운동이 일어났습니다. 앞으로 몇 년 후면 3·1 운동 100주년 해가 되는데, 그래서 오늘은 이와 관련한 말씀을 특별히 전하고자 합니다."

제인은 설교 도입부를 듣고 속으로 쓴웃음을 지었다. 한국은 어디를 가도 일본과의 관계를 떨칠 수가 없는 것일까? 할아버지가 그토록 전해 주고자 하셨던 복음의 의미를 찾아 나서는 길목마다 일본 제국주의가 따라다니는 것인가? 할아버지가 사역하시던 때가 그러했기에, 이는 어쩔 수 없는 인연이라고 제인은 생각했다.

40분간 이어진 목사님의 설교는 굽이마다 격정의 목소리와 힘이 담겨 있었다. 설교 내용을 요약하면 대략 다음과 같다.

오늘날 우리 사회는 정체성의 혼란을 겪고 있다. 핵무기를 머리에 이고 살아야 하는 위험한 현실 앞에서도, 오히려 안보에 대한 인식은 사람들에게서 점차 사라져 간다. 마치 평화가 온전히 이루어지기라도 한 것처럼 말이다. 반대로 한국 내에서는 오히려 갈등이 심화되고 있다. 지역과 지역이 분열하고, 세대와 세대가 반목하며, 정치색이 다른 사람들이 서로를 적이라고 폄하한다.

이러한 상황을 극복하고 우리 사회에 올바른 정체성을 회복하기 위해서는 교회가 앞장서야 한다. 교회는 한국이 근대 사회로 진입할 무렵, 여러 분야에서 선한 영향력을 미쳤다. 대표적인 분야가 바로 교육이다. 교회는 선진화되고 체계적인 교육 제도를 한국 땅에 이식하는 주요한 통로였는데, 이는 선교사들의 피와 땀 덕분이다. 선교사들은 우리 주변 지역에서도 희도학교, 신명학교, 계성학교 등을 설립하여 한국 민족을 계몽했다.

이러한 교회의 교육은 3·1 운동을 꽃피웠다. 유관순 열사는 행복하게 학교생활을 하며 기독교 정신을 바탕으로 조국과 민족에 대한 사랑을 키워 갔다. 열사의 조국애는 1919년 3월 1일 만세 운동을 시작으로 전국으로 퍼져 나갔다. 우리 대구 지역에서는 3월 8일과 10일에, 경상북부 지역은 예안 장터를 시작으로 안동, 의성 등으로 3월 말까지 전개되었는데, 그 중심에는 교회가 있었다.

교회는 한국의 민주주의를 세우는 데 결정적으로 이바지했다. 냉전 시대에 교회는 한국 사회에 자유롭고 민주적인 질서를 수립하는 데 지원함으로써, 민족의 희망이 되었다.

경상북도의 최초의 교회는 바로 1895년에 설립된 대구제일교회다.

한국 역사학회는 한국 기독교가 교육, 의료, 음악 등의 각 분야에서 큰 영향을 미쳤다고 최근에 평가했다. 그런데 오늘날 한국 사회는 기독교가 이바지한 그러한 공헌은 무시하고, 오히려 한국의 전통문화와 종교를 침해하는 세력으로 폄하하고 있다.

일제 강점기에 조선 총독부는 일본의 신도를 한국 사회에 이식하려고 온갖 방법을 동원했지만, 기독교인은 강력히 반발했다. 그리하여 신사 참배를 하지 않는 학교와 교회를 폐쇄하고, 참배하지 않는 성도들에게 핍박과 고통을 주었다. 그 결과 2천여 명이 투옥되고 50여 명이 순교했다.

오늘날 대한민국이 세계적으로 유례없는 고속 성장을 이룬 밑바탕에는 기독교가 놓여 있다. 기독교는 공산주의를 반대하고 민주주의를 확립하는 정신을 소유했기 때문이다. 기독교는 세계 각국과 소통할 수 있는 인재와 지도자를 보유했다. 이들은 기독교의 힘이 한국 땅에서 결집되는 데 적지 않은 노력을 기울였고, 그로 인해 이 나라가 공산화되는 것을 막아 냈다. 이후 한국 땅에서 강력한 민족 복음화 운동이 일어났고, 그러한 힘을 바탕으로 새마을 운동 등이 시작되었다. 이후 고속 성장을 이룬 한국은 해외의 원조 없이 살 수 없었던 나라에서 세계 10대 경제 대국으로 우뚝 서게 되었다.

3·1 운동길 담장에 부착되어 있는 사진을 모든 성도가 보기를 권면한다. 1919년 3월 당시 우리 교회 앞에 운집했던 교인들의 얼굴을 살펴보라. 그해 2월 24일경에 민족 대표 33인 중 한 분인 대구 출신 이갑성 씨가 서울에서 밀령을 받고 독립 선언서 200매를 지니고 와, 지하실에서 복사하여 당시 우리 교회 이만집 목사와 김태연 조사에게 전달했다. 이러한 준비를 통해 3월 8일 대구 독립 만세 운동의 불길을 당길 수 있었다.

하나님을 상실한 인간은 자기 자신도 상실하게 된다. 인간의 영적이고 정신적인 배고픔, 사람들과의 계속되는 충돌과 미움 그리고 분노는 하나님을 상실한 마음에서 나오는 열매들이다. 그러나 우리가 복음에서 비롯되는 정체성을 잃지 않는다면, 하나님은 결코 우리를 포기하지 않으실 것이다. 그렇다면 우리가 가져야 할 정체성의 실체는 무엇인가? 바로 복음을 통한 사랑 운동이다. 기독교의 본질은 사랑이다. 이 사랑이 한국에 근대화를 가져왔고, 역사의 진보를 이끌어 냈다. 국가와 시대와 민족을 섬기고 사랑하는 기독교만이, 오늘의 분열과 아픔을 치료하고 회복시키는 일에 유일한 대안이 될 것이다.

목사님의 설교는 이렇게 끝났다.

제인은 설교를 듣는다는 느낌을 넘어서, 마치 잘 준비된 한국 근대사 강의를 듣는다는 착각이 들었다. 이어 찬송, 봉헌, 축도로 모든 예배 순서가 마치자, 안내 집사는 제인을 잠깐 기다리라고 했다. 오늘 온 새신자들과 함께 담임 목사님을 뵙고 가면 좋겠다는 것이다. 제인도 목사님을 뵙고 싶었으므로 안내 집사를 따라 2층으로 올라갔다.

공덕 기념비

제인은 걸쳐 입고 다니던 스프링코트가 번거로워졌다. 어느덧 계절 하나가 지났나 보다. 한국은 계절의 변화가 뚜렷해서 입고 다닐 옷에 신경 좀 써야 할 거라던 어머니의 말이 불현듯 떠올랐다. 여름옷을 여벌 챙겨 오기는 했지만 썩 마땅치 않아서, 제인은 민지와 함께 옷 가게를 찾았다. 그들은 서문시장 이곳저곳을 둘러본 후에 마음에 든 옷을 발견했다. 민지가 이런 일에도 자기를 도와주는 친구라고 생각하니, 민지를 만나지 않았으면 그녀의 한국 생활은 어땠을지 도무지 상상이 가지 않았다. 민지는 제인에게 큰 축복이요 행운임에는 틀림없었다.

그런 민지와 함께 오늘은 애락원을 방문해 보기로 했다. 지난가을 설립 100주년 기념식에 참석했을 때 긴장감과 더불어 벅찬 감격을 전달한 바로 그 애락원을 다시 찾아가기로 한 것이다. 그때는 부모님을 따라 참석했지만, 오늘은 그녀가 주도해서 방문하는 것이다. 그런데 더욱 재미있는 것은 구로키 교수가 함께 가게 되었다는 사실이다. 제인과 민지가 애락원을 방문한다는 소식을 접한 구로키가 자신도 함께할 수 있

공덕 기념비 / 103

는지 먼저 제안한 것이다. 제인은 구로키 교수의 동행이 불편했지만, 그렇다고 딱히 거절할 명분도 없어 그저 수긍하고 말았다.

플레처의 후손 제인과 K 대학 일본학과 교수가 방문한다는 소식을 들은 김영수 원장이 애락교회 앞에서 그들 일행을 반갑게 맞았다. 그들은 먼저 플레처 원장의 공덕 기념비가 서 있는 입구 쪽으로 걸음을 옮겼다. 공덕비는 1.5미터 정도의 높이에 수더분하고 빛바랜 검정 양복 같은 외형을 지녔다. 뒷면에는 공적의 내용이 구구절절 새겨져 있었다. 제인은 물끄러미 비문을 읽기 시작했다.

"한국 나환자 사업의 선구자이시며 환자에게는 은인이신 A. G. 플레처 박사께서는 1882년 8월 16일 캐나다에서 태어나셨다. 27세에 선교사로 한국에 오셔서 평북 선천 지방의 순회 선교사로 시무하시다, 의료 선교에 뜻을 두고 1910년에 대구 동산병원 원장으로 오셨다. 60년 전 당시 대구에는 아직 근대화된 의료 시설이 없었으므로, 원장님은 수많은 환자들을 진료하는 데 여념이 없었다. 그때는 고향에서 쫓겨난 나병 환자들이 거리와 골목을 정처 없이 헤매는 일이 잦았다. 이 애절한 상황을 보신 플레처 원장님은 사재를 털어 네 칸의 초가집을 구입하셨고, 1913년 3월 1일에 나병환자 20명을 수용하여 그들을 위한 보금자리를 만드셨다. 이것이 대구 나병원의 기원이다. 그분은 나병원을 확장하기 위해 영국 나환자 선교회와 미국에 호소해서 기금을 조달했고, 이를 통해 병사(病舍)를 지어 80명을 받아들일 수 있게 되었다. 이 소문이 전국에 퍼지자 입원을 희망하는 환자가 증가했고, 전쟁 후 아홉 차례에 걸쳐 예배당을 비롯해 병사와 진료실을 건축함으로써 580명을 수용할 능력을 갖추게 되었다.

그분은 동산병원에 근무하면서 매일 한 번씩은 애락원에 오셔서 손수 환자를 진료하셨으며, 주일에는 애락원 교회에 자신이 직접 나와서 설교하셨다. 육체의 병보다 심령의 병을 먼저 고쳐야 한다고 하셨고, 곳곳을 찾아다니며 예배당에 나오기를 격려하셨다. 예배당에 나오다가 엎어져 죽으면 천당에 직행한다는 농담 섞인 권고도 곧잘 하셨다.

그분은 환자와 건물과 나무를 사랑하셨고, 그래서 그분의 손이 닿지 않는 곳이 없었다. 그러나 그분에게 피치 못할 불운이 닥쳐왔으니, 바로 태평양 전쟁이다. 1942년 6월 12일 새벽 3시에 강제로 송환되셔서, 떠나기 싫은 애락원을 등지고 미국으로 돌아가셨다. 그분은 한국에 다시 올 기회를 기다리다가 해방 후에 오셔서 병원 운영과 환자 진료에 마지막 정성을 쏟으시고, 1952년에 미국으로 돌아가셨다.

굳센 믿음과 강인한 투병 정신을 이어받은 애락원 원생들은 사회 복귀라는 개선 행렬에 발걸음을 옮기면서, 감사의 뜻을 이 한 폭의 작은 돌에 새겨 둔다.

주후 1971년 7월 30일 세움
대구 애락 보건원생 일동
목사 김종은 지음
윤훈숙 씀."

플레처 원장의 공덕 기념비

제인은 비문을 하나하나 뚫어지게 읽다가 수첩을 꺼내서 적기 시작했다. 이해가 빨리 되지 않는 부분이 있는 모양이었다. 예배당에 나오다가 엎어져 죽으면 천당으로 직행한다는 농담을 했다는 부분을 읽고 사람들은 모두 웃음을 터트렸다. 제인도 그 의미를 늦게서야 깨닫고 크게 웃었다. 그런데 마지막 대목인 "굳센 믿음과 강인한 투병 정신을 이어받은 애락원 원생들은 사회 복귀라는 개선 행렬에 발걸음을 옮기면서, 감사의 뜻을 이 한 폭의 작은 돌에 새겨 둔다"를 읽고는 눈시울을 붉혔다.

아무도 반겨 주는 이 없는 나병환자, 거리를 헤매던 병든 몸이 깨끗하게 나아서 개선장군처럼 사회에 복귀하는 원생들이 이 돌을 마련하여, 그 고마움과 감사를 플레처 원장에게 드린다는 말이다. 이보다 값진 훈장이 어디 있을까.

"별리추, 이분이 제인 양의 할아버지시라고?"

이미 짐작하고 있었던 구로키 교수가 의미 깊은 표정으로 제인을 보고 물었다.

"네, 맞습니다. 별리추 원장님이 한국에 계실 때 기념비를 세우려고 했는데 당신께서 하지 못하게 말리셔서 미국으로 돌아가신 후에 원생들이 마련했던 것입니다. 그 뒤에 연대를 맞춰 보니 공교롭게도 원장께서 하나님 곁으로 가신 이듬해였습니다."

김 원장의 숙연한 설명이었다.

"아, 정말 대단하신 분이군요."

민지가 감탄하자 김 원장이 말을 이었다.

"그렇습니다. 대단한 정도를 넘어 위대한 분이시죠."

플레처 원장을 이구동성으로 칭송하는 자리에서 제인은 마음이 달떴는지, 명언 하나를 떠올리고 있었다.

"The great man has a goal. An ordinary person has a desire."

위대한 사람은 목표가 있고 평범한 사람은 소망이 있다는 조지 워싱턴의 말이었다. 역시 우리 할아버지는 소망 정도가 아니라 뚜렷한 목표가 있었다. 가난하고 어려운 이웃을 도우라는 예수님의 말씀을 실천하기 위하여, 미국에서의 안락한 삶을 일찌감치 포기하고 수만 리 떨어진 나라, 가난하고 척박한 한국 땅에 와서 가장 비천한 나병환자를 우선적으로 치유하는 사역을 하셨던 것이다. "너도 가서 그 불쌍한 이웃을 도우라"는 예수님의 말씀만 청종하신 할아버지! 나는 이러한 할아버지를 좇아서 무슨 일을 할 수 있을까? 할아버지에게 부끄럽지 않은 손녀가 되려면 어찌해야 할까? 플레처 할아버지를 흉내 내기도 힘들겠다는 고민을 제인은 그렇게 하고 있었다.

혼잣말로 중얼거린 제인의 말을 곁에서 듣고 있던 구로키 교수가 말했다.

"제인에게는 자랑스러운 할아버지가 계셔서 참 좋겠군. 그런데 할아버지의 이러한 정신은 어디서 비롯된 것일까?"

선망하는 듯한 뉘앙스를 풍기는 교수의 말에 제인이 용기를 내서 답했다.

"교수님, 그 정신은 복음의 힘에서 나온 것 같아요. 저도 아직 잘 모르기는 하지만요."

교수님 앞이라서 그런지 제인은 자기도 잘은 모른다고 겸손히 말했다. 사실이 그러하기도 했다.

"복음이라! 참 어려운 명제군. 거기에 심오한 뜻이 담겨 있는 것 같기는 한데."

제인의 말에 구로키는 그것이 어려운 담론이라고 교수다운 태도로 정의했다. 명제란 참이나 거짓을 가리기 위해 어떤 논리적 판단의 내용을 언어 기호 등으로 나타낸 것이다. 그는 복음을 이러한 시각으로 접근하고 있었던 것이다.

"자, 그럼 저쪽으로 한 바퀴 둘러보시지요."

김 원장이 화제를 바꾸고 싶었던지 애락원 경내를 한번 돌아보자며 앞섰다.

5만여 제곱미터의 넓은 경내에는 온통 가지치기 되지 않은 우거진 수목이 숲을 이루었는데, 애락교회 옆에는 100년은 넘어 보이는 장송과 은행나무가 방문객을 반기듯 숙연했다. 제인은 할아버지가 그 나무들을 심었을 거라고 추측했다. 우거진 숲 사이사이에는 주차된 자동차들과 오래전부터 터를 잡고 살고 있는 음성 환자 20여 명의 숙소들이 을씨년스러웠다.

애락원 중심부에 있는 건물 근처에서 김 원장은 누추하지만 사무실로 잠깐 들어가자고 안내했다. 제인은 혹시라도 구로키 교수가 피곤해하지는 않을까 하는 마음에 그의 눈치를 잠시 살폈다. 하지만 그는 진지한 표정으로 원장 뒤를 따라 걷고 있었다.

실내에는 애락원을 안내하는 소개 글이 초등학교 입학생 명찰처럼 가지런히 쓰여 있었다.

주소: 대구광역시 서구 통학로 30(내당동)

설립 시기: 1909년 6월 27일

설립자: 미국인 의료 선교사 아치볼드 그레이 플레처

설립 목적: 나환자의 영육 구원(복음 전도 및 구료 사업)
섬김과 사랑의 마음으로 고통받는 이들과 함께하겠습니다.

제인은 이 소개 글을 읽으면서 다시 코끝이 찡해 옴을 느꼈다. 특히 고통받는 이들과 함께하겠다는 표현은 할아버지 평생의 신념일 것이다. 그런데 설립 이념은 원장실에 따로 기록되어 있었다. 아마 할아버지가 이 설립 이념을 세운 것이 아니겠는가?

예수 그리스도의 복음을 토대로
인간의 영혼을 구원하고
육신의 고통을 제거하며
한센인의 삶의 질을 개선하고
사회 복지 서비스를 제공하는 데 최선을 다한다.

제인은 설립 이념을 물끄러미 바라보면서 잠시 상념에 잠겼다. 그리고 어떤 의문이 들었든지 김 원장에게 물었다.
"원장님! 할아버지에게는 나병환자를 특별히 불쌍히 여겨 사랑하고 치유해 주어야 할 이유가 있었을까요?"
"음, 제인 양이 보기에도 그러신 것 같아요? 별리추 원장께서는 일반 환자들도 최선을 다해 치료하셨지만, 애락원 환자들을 우선적으로 보살피신 것 같아요. 비록 함께 근무하지는 못했지만, 여러 일지나 기록

애락교회

으로 봐서 충분히 그렇다고 생각합니다."

이 말을 마친 후 김 원장은 플레처 원장이 나병환자에게 복음을 전하며 그들을 치료했던 이유를 성경에서 찾을 수 있을 거라고 덧붙였다. 그리고 이에 대해 성경적으로 해석한 자료를 찾기 시작했다. 그 자료는 남을 섬기는 일을 통해 정신적이고 심리적인 행복감을 느낄 수 있다는 서두에 이어, 신구약 성경에서 나병을 언급한 부분과 예수님이 나병환자를 소중히 다루셨던 부분을 요약했다.

레위기 13-14장에는 나병에 관한 지침이 나온다. 나병의 증상과 나병을 진단하고 격리하며 치유하는 제사장의 임무 등이 상세하게 기록되어 있다. 제사장은 여호와께서 나병에 관해 가르치신 규례대로 힘써 주의하여 행해야 했다.

나병은 이스라엘에 환자가 많았다. 모세가 애굽 땅을 탈출하기 이전에 이미 나병이 발견되었음을 성경은 암시한다. 한국에는 경상도와 전라도에 많았다. 나병은 1872년에 노르웨이 의사 한센이 병원균을 발견한 이후 한센병이라고 불리게 되었다.

구약에는 나아만 장군에 관한 흥미 있는 이야기가 나온다. 그는 주전 800년경 선지자 엘리사 시대에 아람 왕국을 구한 사람이었는데, 그만 나병에 걸렸던 것이다. 온갖 노력에도 병을 고치지 못한 나아만은 왕에게 그 사실을 알리고 허락을 얻어 이웃 나라 이스라엘 왕에게 치료를 요청하기로 했다.

나아만은 아람 왕국의 권위와 용사의 위엄을 갖추고 출발했다. 금은 보화를 수레에 싣고, 신하들을 대동하고, 아람 왕의 친서를 들고 엘리사에게 갔지만 수모를 당했다. 요단 강에 몸을 일곱 번 씻으라는 엘리사의 말에 화가 나 돌아가려고 했지만, 하인들이 만류하는 바람에 그의 말대로 행하게 된다. 그랬더니 살이 어린아이의 살같이 회복되어 깨끗하게 되었다. 여기에 등장하는 나아만은 죄악으로 인해 죽게 된 인간을 대표하는 인물이요, 선지자는 그러한 인간을 깨끗하게 하시는 예수 그리스도를 대표한다. 이와 같이 구약에 기록된 나병에 관한 기록들은 장차 오실 예수 그리스도의 치유 사역을 미리 보인 것이다.

신약 시대에 예수님은 역사의 현장 가운데로 들어오셔서 본격적으로 치유 사역을 행하신다. 당시에 나병은 저주를 받은 병으로 알려져 사회로부터 격리되었다. 나병에 걸린 사람은 스스로 부정한 것으로 알아 사람들에게 접근하지 말아야 했다. 하지만 자신의 이러한 절망적인 상황에도 불구하고 예수님께 찾아간 사람이 있었다. 그는 예수님 주변에 수많은 군중이 둘러싸고 있었음에도 불구하고 믿음으로 주님 앞에 나와 엎드렸다. 그리고 주님께 이렇게 외쳤다.

"주여, 원하시면 저를 깨끗하게 하실 수 있나이다."

그는 예수님이 원하시기만 한다면 자신의 병을 낫게 하실 거라고 믿었다. 그의 믿음에 대해 주님은 손을 내미셔서 그에게 대시며 이렇게 말씀하셨다.

"내가 원하노니 깨끗함을 받으라."

많은 사람들이 부정하게 여겨 가까이하지도 않고 격리했던 이 나병환자에게 주님은 친히 자신의 손을 대시며 그를 영접하셨던 것이다. 그의 비참하고 절망스러운 상황을 마음으로부터 긍휼히 여기신 주님은 당신의 권능 있는 말씀으로 치유를 선포하셨다.

성경은 주님이 질병으로 고통당하는 사람들을 만나셨을 때 긍휼과 사랑으로 그들을 치유하셨음을 여러 차례 기록한다. 바로 주님의 이러한 마음이 병자들을 치유할 수 있는 근거요 동기가 되었던 것이다. 플레처 원장도 바로 이러한 주님의 마음을 가지고 나병환자들을 돌보셨던 것이라고 김 원장은 말을 이었다.

스위치를 켜라

김 원장의 설명을 들은 제인이 먼저 말했다.

"원장님, 복음을 가장 효율적으로 전하기 위해서는 의사가 되어야겠네요."

"그렇군요. 나 같은 사람은 복음을 잘 알지도 못하지만, 근처에도 가기 어렵겠네요."

잠잠히 원장의 말을 경청하던 구로키 교수도 입을 열었다.

"교수님이 그 정도이시면, 나 같은 사람은 어디 꿈이나 꿀 수 있겠어요?"

민지 역시 구로키 교수의 생각을 긍정하는 듯 덧붙였다.

"아, 세 분 모두 복음에 대해 어느 정도 관심이 있으시네요. 하지만 반드시 의사가 되어야만 복음을 전할 수 있는 것은 아닙니다. 우선 복음을 믿고 받아들이고 나면, 그 복음을 전할 수 있는 기회는 차츰 오게 될 것입니다."

세 사람의 마음을 안심시킨 김 원장은 말을 계속했다.

"신약 성경을 보면 예수님이 복음을 전하실 때 많은 병자들을 고치신 것은 사실입니다. 예수님도 제자들을 파송하실 때 병든 자를 고치라고 명령하셨고요. 아마 별리추 원장께서도 예수님의 이러한 모습과 명령에 감화를 받으셔서 자신의 사명을 시작하신 것이겠지요. 하지만 꼭 의사가 아니더라도 복음을 전하고 가난하고 약한 자들을 돕는 길은 얼마든지 있을 것입니다……."

"히브리서에서는 믿음에 대해서 다음과 같이 정의합니다. '믿음은 바라는 것들의 실상이요 보이지 않는 것들의 증거니.' 하나님의 은혜와 역사를 발전소의 전력이라고 해봅시다. 이 전력은 전선을 타고 가정이나 공장 등 필요한 곳에 전달되지요. 가정에 공급된 전류는 전자 제품에 붙어 있는 스위치를 켤 때에야 비로소 작동합니다. 마찬가지로 우리가 바라는 것들, 곧 하나님의 능력과 역사를 믿음으로 취하지 않는다면, 즉 믿음이라는 스위치를 켜지 않는다면, 우리에게 아무런 영향을 줄 수 없습니다. 따라서 우리는 믿음으로 주님께 반응하고 주님께 나아가야만 합니다. '믿음이 없이는 하나님을 기쁘시게 하지 못하나니 하나님께 나아가는 자는 반드시 그가 계신 것과 또한 그가 자기를 찾는 자들에게 상 주시는 이심을 믿어야 할지니라.'"

김 원장의 권면의 말을 듣고 제인이 먼저 감탄했다.

"아, 그렇군요! 믿음은 발전소의 전력과 같아서 아무리 큰 힘이 곁에 있어도 내가 스위치를 켜서 연결하지 않으면, 즉 내가 믿음으로 반응하지 않는다면 아무런 소용이 없는 것이군요."

구로키 교수는 조금 진지하고 굳은 표정으로 좋은 말씀을 들었다고 답했다. 믿음에 관해 처음으로 들었기 때문인지 조금은 혼란스러울지도 모를 일이었다. 그때 제인이 이제 밖으로 나가 애락원 주변을 돌아보자고 했다.

그들은 아파트가 있는 북쪽 문밖으로 나갔다. 낡고 허술한 담장이 보였는데, 바깥벽에는 누군가가 새삼스레 예쁜 그림들을 다음과 같은 설명과 함께 그려 놓았다.

"내당 1동 애락원 서쪽 담장의 멋진 벽화를 구경해 보세요! 대구 애락원은 대구만의 문화와 역사를 담은 벽화를 조성했습니다."

벽화에는 KTX 서대구역의 건립을 상징하는 열차가 그려져 있었고, 와룡산 용미봉 진달래 군락지 꽃그림 역시 화사했다. 와룡산 상리봉에서 유유히 흐르는 물은 호수와 같이 잔잔하고, 갈대숲에서 우는 바람소리가 비파의 떨림처럼 처연한 아름다움을 지녔다 해서 지어진 금호강도 그려져 있었다. 노후하고 을씨년스러운 공간을 누군가가 정성을 들여, 이 고장의 문화와 역사를 담은 벽화로 꾸며 놓고 시적인 소개를 달아 장식했던 것이다.

이 땅은 원래 변두리 농촌이었다. 이제는 도시로 변했지만, 어찌할 수 없이 한센인 환자의 숨소리와 한 세기 복음의 역사만을 보듬고 누워 있다.

"원장님, 이 그림들, 시청이나 애락원에서 용역을 주어서 그린 것인가요?"

구로키 교수가 원장에게 물었다.

"아닙니다. 어느 봉사 단체에서 자원봉사를 하겠다고 희망해서 이루어진 일이지요. 빈 공간이 너무 삭막하고 허전하다나요. 너무 고마워서 나중에 재료비 정도를 구청에 신청해서 사례한 적은 있습니다."

"할렐루야, 너무 감사하네요."

원장의 말에 제인은 너무 기쁜 나머지 이 말을 외쳤다.

김 원장이 앞으로의 한국 일정에 대해서 물었을 때, 제인은 갑자기 생각난 듯, 언젠가 할아버지께서 맨 처음 발령받은 경북 안동에 가 보고 싶다고 답했다. 사실 안동은 시간 여유를 가지고 혼자서라도 방문해야겠다고 마음먹고 있었던 곳이다. 그래서 제인은 김 원장에게 안동에 가는 방법과 거기서 누구를 만나야 할지 물었다.

"그렇다면, 안동교회와 성소병원을 가 봐야지요."

김 원장도 잊고 있던 것을 생각해 낸 듯 이 말을 꺼내며 안동행 교통편을 상세히 설명해 주었다. 그 후에 그들은 긴 시간 함께해 주셔서 감사하다는 말을 전하며 김 원장과 헤어졌다.

제인은 구로키 교수에게도 오늘 함께 와 주셔서 감사하다는 마음을 전했다. 이 말에 구로키는 혹시 특별한 계획이 없으면 저녁이나 함께하면 어떨지 제안했다.

"아, 교수님, 그러셔도 되겠어요? 오늘 시간도 많이 내주셨는데 너무 죄송해서요."

민지는 한편으로 미안하다는 듯, 다른 한편으로는 기다린 소식이라도 들은 듯 나섰다.

"뭘, 예전에 내가 두 사람에게 식사 대접을 받은 적도 있잖아."

"네, 교수님. 그러면 이번에는 교수님 의견을 한번 따라가 볼까요? 제인 너도 괜찮지?"

셋은 애락원 주차장에 있는 구로키 교수의 자동차에 올랐다. 차는 어디로 간다는 말도 없이 도시 동쪽으로 향하고 있었다. 자동차 내비게이션에는 언뜻 수성못이 보이는 듯했다.

제인은 구로키 교수에게 미안한 점이 많았다. 여러 번 그에게 각을 세우는 듯한 질문을 해서인지 한편으로 그가 부담스럽기도 했다. 이 모든 것이 구로키 교수가 일본인이기 때문에 겪게 되는 일이 아닌가 하는 생각이 스쳤다. 자신이 일부러 공격하려는 의도는 없었지만, 자신도 모르게 이러한 편견에 영향을 받았던 것은 아닌지, 그래서 교수가 자신으로 인해 부담을 느끼는 것은 아닌지도 고민했다. 사실, 일본학과에 구로키 교수처럼 유능한 인재가 우대를 받는 것이 마땅할 텐데, 오히려 그가 자신의 출신으로 인해 역차별을 당한다면, 이것은 그에게 부당한 처사이며 학과에도 작지 않은 손실일 수 있겠다는 생각이 들었다. 일본 정치인이나 우익들의 행태에 못마땅한 점이 있지만, 그것은 엄연하게 구로키 교수를 대하는 것과는 구별되어야 했다. 이런 생각에 잠기자, 제인은 오히려 구로키 교수에게 측은한 마음이 올라왔다.

"아, 오늘은 내가 사는 밥이니 일식이 어떨까? 내가 잘 아는 집이 있는데……."

제인의 이런 생각을 알 리가 없었던 구로키는 태연하게 핸들을 잡고 K대학 기숙사와는 반대 방향으로 운전했다.

"너무 좋아요, 교수님. 사실 저희 집이 큰 도시는 아니지만 항구이거든요. 군산은 대구보다 생선이 싱싱한데, 오늘 음식은 어떨지 사뭇 기대가 됩니다."

생선 요리와 초밥을 좋아하는 민지가 들뜬 목소리로 대답했다. 이러한 민지의 모습을 바라보며 제인은 미소를 지었다. 그리고 오늘 같은 날 구로키 교수에 대한 자신의 무거운 마음을 굳이 내보일 필요는 없겠다고 다짐했다.

"저기 수성못 근처에 '삿포로'라는 집이 있어. 몇 번 가 봤는데 괜찮은 것 같더라고."

"네, 저희는 아무 데나 좋아요. 너무 비싸지만 않은 곳이라면요."

"삿포로는 일본 홋카이도에 있는 도시잖아. 혹시 거기 가는 것은 아니겠지?"

제인은 마음이 한결 가벼워졌는지, 농담 섞인 어투로 민지의 말을 이었다.

"제인 양은 일본을 불편하게 여기는 마음이 있어도 일본의 도시에 대해서는 잘 아는군."

구로키의 말이었다.

"아 네, 삿포로는 인구 200만에 홋카이도의 도청 소재지이고, 1년의 절반쯤 눈을 볼 수 있는 곳이지요?"

일본에 대한, 그리고 구로키 교수에 대한 자신의 마음을 들킨 것 같아 당황했던 제인이 급히 화제를 이어 갔다. 평소 근동 아시아에 대해 많은 관심이 있었기에 보일 수 있었던 임기응변이었다.

수성못이 내려다보이는 아담한 건물 1층에 일식집인 삿포로가 있었고, 2층에는 '경복궁'이라는 한식집이 있었다. 그런데 하필 일식집 위에 '경복궁'이 있는 건 무어란 말인가? 경복궁은 조선 근대 역사의 비극을 안고 있는 곳, 명성황후가 일본의 자객에 의해 스러진 바로 그 장소가 아닌가? 최근에 일본의 근현대사와 한국과의 관계를 숙고해 온 터라, 제인의 생각은 자연스레 이러한 방향으로 흘러갔다.

그들은 다다미가 깔린 4인용 룸으로 안내를 받았다. 테이블 세팅이 정갈하고 예스러웠다. 구로키 교수는 평소에 즐겨 먹는 메뉴라며 주말 스페셜을 제인과 민지에게 추천했고, 그들은 예상보다 비싼 가격에 부담이 되긴 했지만 결국 교수의 의견을 따르기로 했다. 평소 식성이 좋은 제인은 일식도 거리낌 없이 먹었다. 민지 역시 생선을 즐겨 먹는 터라, 새로운 음식이 나올 때마다 기대하는 눈빛으로 음식에 손을 댔다.

식당에서 나왔을 때 6월의 긴 해가 저물어 가고 있었다. 민지와 제인은 늦게까지 함께해 주셔서 감사하다는 말을 건네며 구로키와 헤어지려고 했다. 그때 그가 갑자기 물었다.

"제인 양, 혹시 안동에는 언제쯤 갈 계획인지요?"

"아 네, 아직 결정하지는 못했는데요. 다다음 주 기말고사가 끝난 후에 가면 어떨까 고민 중입니다."

"아까부터 든 생각이 있는데, 혹시 제인 양이 괜찮으면 나도 같이 가면 어떨까 해서. 부담 갖지는 말고, 편하게 생각해 보고 연락 줘요."

무어라 대답하지 못한 채 제인은 구로키와 헤어졌다. 오늘 하루 제인은 자신의 감정이 어떤지 가늠하기 어려웠다. 애락원에 방문해서 할아버지의 행적을 확인한 후에 느꼈던 보람과 감격, 도움과 격려가 필요할 때마다 늘 함께해 주었던 민지에 대한 고마움, 그리고 구로키 교수에 대한, 부담감과 미안함과 호기심이 뒤섞인 감정들……. 분명한 건, 구로키 교수와 일본에 대한 제인의 마음이 조금씩 바뀌고 있다는 사실이었다.

9.

일본을 용서하자

푸르게 우거진 신록이 제인의 고향을 떠올리게 하고 있었다. 날씨는 어느새 여름의 중턱을 향하고 있었다.

LA 타임스 코리아에서 일하던 어느 날, 제인은 편집부장에게 원고 하나를 내밀었다. 한국에서 보고 연구한 역사적 사실들에 관해 자신의 생각을 정리한 한 편의 칼럼이었다. 때마침 북한의 핵문제가 국제적인 이슈로 떠오르고 있었고, 한일 간에 여러 가지 외교적이고 정치적인 문제가 다시금 수면 위로 올라온 때였다. 이런 시점에서 역사학도로서의 사명감과 한국에 대한 안타까운 심정이 제인으로 하여금 이 글을 쓰도록 재촉했다.

편집부장은 찬찬히 글을 뜯어보기 시작했다. 이 글을 한국어로 번역하면 대략 다음과 같다.

제목: 일본을 용서하자.

가타야마 모리히데가 쓴 『미완의 파시즘』은 이렇게 이야기한다. "제

2차 세계 대전 당시 일본이 미국을 상대로 전쟁을 벌인 것은 무모한 행동이었다. 미국에 선전 포고를 하고 진주만을 공습한 일은 도박 내지는 자살행위였고, 그 시대를 살았던 많은 이들이 이 주장에 공감할 것이다." 일본은 '가지지 못한 나라'의 콤플렉스를 가지고 있다고 저자는 설명한다. "어떻게 하면 '가진 나라'를 이길 수 있을까?"라는 고민은 결국 투철한 정신력으로 신속하게 공격해야 한다는 주장을 낳았다. 그것은 수십만의 인간 생명과 국가의 운명을 위협하는 행위였다.

일본의 이러한 태도는 아시아의 여러 나라에도 큰 피해를 가져왔다. 일본이 한국에 남긴 아픔의 역사를 간단히 정리하면 다음과 같다.

1) 일본군 위안부: 일본은 한반도에서 10만 명의 여성들을 강제로 동원하고 유린했다.

2) 생체 실험: 하얼빈 731부대 등에서 살아 있는 사람을 대상으로 여러 실험을 감행했다.

3) 역사 왜곡: 식민 사관의 관점에서 한국의 역사를 왜곡했다. 독도에 대한 지배권을 주장하며 이러한 시각을 바탕으로 교과서를 저술한 것이 한 예다.

4) 기독교에 대한 핍박: 일본은 신사 참배를 거부하고 일본 정부에 협조하지 않은 기독교인들에 대해서도 핍박했는데, 그 예를 들면 다음과 같다.

(1) 제암리 교회 성도 학살: 1919년 3월 1일 일본군은 경기도 화성에 위치한 제암리 교회당에 사람들을 가둔 채 불을 지르고 총격을 가

했다(스코필드 선교사 증언).

(2) 맹산 기독교 지도자 학살: 3·1운동 당시 평안남도 맹산에서 기독교 지도자들을 체포하여 총격을 가했고, 이로 인해 60여 명의 사람들이 사망했다.

(3) 간도 조선인 학살: 1920년에 민간인 3,469명을 학살했으며, 교회와 학교 및 가옥을 불태웠다(제임스 푸트 선교사 증언).

하지만 일본의 지도자들은 이러한 과거사를 두고도 진실하게 반성하기는커녕 마치 이러한 과거를 정당화하는 듯한 행동을 이어 가고 있다. 아베 총리는 최근 야스쿠니 신사를 참배했고, 731이라는 숫자가 선명하게 새겨진 전투기에 오르며 엄지손가락을 치켜세우는 장면을 연출했다.

그렇다면 이러한 과거사에 대해서, 그리고 일본 정부의 이러한 행보에 대해서 한국인은 어떻게 반응해야 할까? 필자는 미국인 선교사의 자손이자 역사학도로서 이 문제를 기독교적인 관점으로 조망하고 해결책을 제시하고자 한다.

먼저, 일본에서 기독교가 위치해 있는 상황을 잠시 살펴보자. 기독교는 처음에 일본 규슈 지방에 들어와서 퍼졌고 교토에도 들어왔다. 1582년경에는 신자 수가 규슈에서만 12만 명이 넘었다. 하지만 서양의 세력에 위협을 느낀 일본 정부는 기독교가 일본의 봉건 질서를 거스르는 종교라고 치부하였고, 이에 박해를 시작했다. 현재 일본 내 기독교인의 비율은 인구의 1퍼센트에도 미치지 못한다. 이를 두고 어떤 이들은 일본이 자신의 고유한 가치를 지켜 내려는 시도의 결과라고 말한다. 하지만 이러한 수치가 궁극적으로 보여주는 것은 기독교에 담겨 있는 고귀한 가치들이 일본 사회 내에 뿌리내리지 못한 현실뿐이다. 현재 일본은 성적 부도덕과 여러 사회적인 문제들이 곳곳에서 터져 나오고 있다. 경제 대국이라는 화려한 명성 뒤에는 정신적인 공허함과 황폐함, 방향 감각을 잃어버린 탄성이 도처에서 들려오고 있다. 보다 적극적으로는 한국을 비롯한 여러 나라에 대해 강경한 발언과 행동을 이어 감으로써, 제국주의적인 행태를 부활시키려는 것은 아닌지 우려를 자아낸다. 그렇다면 이러한 일본의 현주소에 대해 한국의 그리스도인들은 어떻게 반응해야 하는가?

한국의 그리스도인에게 일본인은 어떠한 존재인가? 그들은 거부하고 거리를 두어야 할 적이요 원수일 뿐인가? 이러한 일반적인 시각과는 달리, 일본은 하나님이 사랑하시는 나라이고 일본인 역시 하나님의 사랑에서 제외되지 않은 민족이다. 그렇다면 하나님의 백성으로서 우리는 그들이 올바른 역사 인식을 가지고 행동하도록, 무엇보다도 기독교와 기독교가 표방하는 고귀한 가치를 수용할 수 있도록 힘써 기도해야 할 것이다. 그리고 그 기도는 일본이 어떻게 반응하는지와 관계없이 나와야 하는 용서와 중보의 기도가 되어야 한다.

예수 그리스도께서 십자가에 달리셨을 때 이렇게 말씀하셨다. "아버지, 저들을 사하여 주옵소서. 자기들이 하는 것을 알지 못함이니이다" (눅 23:34). 예수님은 자신을 못 박은 이들이 스스로의 잘못을 인식하지도 못한 상황에서 그들을 위해 기도하셨다. "너희 원수를 사랑하며 너희를 박해하는 자들을 위해 기도하라(마 5:44-45).

한일 관계가 악화되는 요즘이다. 하지만 일본에 복음을 전하는 사역이 중단되어서는 안 된다. 정치적이고 외교적인 갈등 상황에 관계없이, 이러한 현실의 벽을 넘어서 복음은 계속 전해져야만 한다. 물론 이 일은 인간적인 다짐만으로 가능하지 않다. 이미 십자가에서 참된 용서를 보여주신 그리스도의 도우심을 힙입을 때 그 가능성은 현실로 바뀔 것이다.

일본에 복음이 들어온 이후로 핍박이 없었다면, 그래서 복음이 일본 땅에서 편만하게 전파되고 그리하여 일본인의 사상과 세계관과 태도에 기독교적인 가치관이 심겨졌다면 오늘의 일본은 어떻게 변해 있을까? 제2차 세계 대전을 촉발하고 인류에 엄청난 해악을 끼친 범죄를 저지를 수 있었을까? 생체 실험을 감행한 일이나 여성들을 위안부로 삼은 행위를 양심의 거리낌 없이 지속할 수 있었을까? 물론 한 국가에 기독교 비율이 높다고 해서 이러한 행태로부터 완전히 자유로울 수는 없을 것이다. 독일 역시 기독교인 비율이 높았지만 부끄러운 과오를 범했던 것처럼 말이다. 하지만 독일은 일본과 다른 점이 하나 있다는 사실을 놓쳐서는 안 된다. 독일은 전쟁을 일으킨 과오를 인정하고 사죄하며 배상하는 태도를 보여 왔다. 피해국 전몰 용사들의 묘역을 참배하는 등 적극적으로 화해 정책을 펼쳤고, 이를 통해 피해 당사국들과 관계를 회복할 수 있었다. 많은 전문가들은 독일의 이러한 반응의 배경에 기독교의 가치와 관점이 작용했을 것이라고 결론 내린다.

이러한 독일의 경우에서 우리는 일본 문제를 해결할 실마리를 발견할 수 있지 않을까? 일본을 무조건 비난하기에 앞서 그들에게 복음을 전하는 일에 힘쓰고, 복음이 다시금 뿌리내려 열매를 맺도록 용서와 중보 기도를 하는 것이 하나님께서 한국 그리스도인들에게 주시는 사명과 책임이 아닐까? 이것이 분노와 아픔으로 얼룩진 우리의 마음을 치료하고, 무감각으로 굳어진 일본인의 마음을 부드럽게 여는 촉매제가 될 수 있을 것이다.

한국의 정부와 교회는 이 일을 단순히 이상적인 해결책으로 여기는 것을 넘어서 실제적인 행동으로 옮기도록 적극적인 조치를 취해야 한다. 그러려면, 일본에서 일하면서 복음을 전할 수 있는 가능성과 기회를 적극적으로 제시해야 할 것이며, 기독교인 일본 유학생을 적극적으로 지원하고, 또한 아직은 미약한 일본의 신학교에 우수한 교수진과 신학 과정을 전수해 주는 일에 게으르지 말아야 할 것이다. 과거에 얽매이는 것을 중단하고 더 나은 복음적 미래를 향해 기도와 실천으로 몸부림칠 때, 한국과 일본과의 관계는 근본적인 단계에서부터 변화될 것이다. 또한 이것이 근동 아시아에서 평화가 정착하는 데 작지 않은 기회를 제공할 것이다.

편집부장은 한참 진지하게 글을 읽더니 빙긋 웃으며 말했다.

"제인은 어느 나라 출신이에요? 한국인이 아닌 미국인이 이렇게 한일 관계에 대해서 자세하고 날카롭게 지적하는 게 쉽지는 않을 텐데 말이야."

"네, 제가 평소에 생각하고 고민하던 내용을 한번 정리해 보고 싶었습니다."

"글의 논조는 일본을 자극할 만한데, 어쨌든 결말은 일본을 용서하자는 얘기로군."

"부장님 생각은 어떠세요? 우리 신문에 싣기가 많이 부담스러울까요?"

"아니, 제인의 주장이 다 옳은 것 같아. 전혀 근거 없는 말도 아니고, 무엇보다 아주 용기가 넘치는걸? 그런데 제인이 이런 내용을 말하고 싶어 하는 특별한 이유라도 있을까? 그 배경이 궁금한데 말이야."

"한국과 한국인에 관해 안타깝고 아픈 마음들이 올라와서요. 동양의 근현대사를 연구한 저로서는 그 마음이 때로는 형언할 수 없이 크게 다가오기도 합니다."

"구체적으로 어떤 점이 마음에 걸리는데?"

"부장님도 아시다시피 근대에 접어들어 서양 선교사들, 특히 미국 선교사들이 후진적인 아시아 나라에서 혼신을 다해 선교 사역을 벌였잖아요. 한국도 그중 하나고요. 선교사들은 교육과 의료 선교 등을 통해 하나님이 주신 생명의 존엄을 지키고 그들을 신앙 안에서 바로 세우려고 했는데, 일본은 그러지 못한 것 같아서요. 지난 역사에서 일본은 한국에 온갖 만행을 저질렀음에도 불구하고 진심 어린 반성도 아직 하지 않고 있고, 그래서 그에 대한 아픔과 분노는 수십 년이 지난 지금까지도 한국인의 마음에 깊이 남아 있는 것 같아요. 이러한 사실을 그대로 덮어 두는 건 옳지 않은 것 같아 한번 시도해 봤습니다."

"음, 올곧은 동기에서 나온 대담한 시도로군. 결론은 한국이 일본에게 피해를 입었지만, 일본에게 관용을 베풀어 용서하자는 거고? 그것이 바로 그리스도의 정신이라는 말이지? 그런데 이런 주장을 접하는 일본 정부와 관료들은 자존심이 많이 상하겠는데? 그들의 반응을 우리로서 감당할 수 있을지 좀 더 고민해 보는 게 필요할 것 같아. 음, 그리고 종교적인 색채가 많이 묻어나는 게 또 다른 흠이네. 그런데 이 문제는, 이 글을 정치 파트보다 인문 종교 파트에 실으면 큰 무리는 없어 보이겠군. 미국인 선교사의 후손으로서 역사학을 전공한 본지 편집인의 기고라고 하면 많은 이들이 주목해 주겠는걸? 그래, 한번 긍정적으로 검토해 보도록 하지."

부장의 적극적인 반응에 제인은 기대로 한껏 부풀어 올랐다.

제인의 글이 LA 타임스 코리아에 실린 다음 날, 신문사 편집국에는 전화가 빗발치듯 날아들었다. 대부분 구독자에게서 온 감사와 격려의 전화였다. 한국 기독언론협회와 각종 기독 신문사도 역시 긍정적인 반응을 보였다. 몇몇 기독 신문사는 이 글을 번역하여 자신의 신문에 다시 게재하자고 제안하기도 했다. 하지만 문제는 주한 일본 대사관의 반응에서 시작되었다. 대사관 측은 한일 관계가 악화되는 상황에서 이런 글이 일본 측에 불필요한 자극을 줄 것이라고, 그래서 한일 관계에 더 큰 파열음을 촉발할 것이라고 밝혔다. 이 글을 싣기까지의 과정에서 과연 일본 측에 대한 충분한 배려가 있었는지, 객관적인 사실을 보도해야 할 책임을 본사는 다했는지, 이 글을 올바른 시각으로 분석하고 게재한 것은 맞는지 묻기도 했다. 이를 소홀히 한 것에 대해서 충분한 사과가 따라야 할 것이라고 강조했다. 또한 이 글을 쓴 필자가 누구인지 구체적으로 캐묻는 일도 잊지 않았다.

대사관의 반응에 대해 편집부장은 이 글이 일본을 비난하려는 의도 없이 역사적이고 종교적인 관점에서 서술한 글이고, 무엇보다 한일 관계의 긍정적인 미래를 그리고 있다는 점에서 충분히 실을 만한 가치가 있다고 답변했다. 물론 일본의 입장으로서는 불편한 부분이 있겠지만, 일본의 과거사는 이미 수많은 자료를 통해 그 객관성이 입증되었다는 사실도 덧붙였다. 따라서 대사관 측에서 사과문을 요구하는 것은 언론의 자율성을 침해할 수도 있음을 언급했다. 이러한 본사의 결정을 너그럽게 이해해 달라는 부탁을 편집장은 생각보다 강경하게 말했다.

응어리진 갈등과 아픔의 역사는 비난하기 쉽다. 그리고 이러한 태도를 접하는 당사자들은 자기 방어적으로 반응하는 것이 자연스럽다. 하지만 아픈 과거사를 정직하게 빛 가운데 들추고 이를 긍정적으로 해결하려는 시도는, 실로 신앙인이 아니고서는 할 수 없는 불가능한 시도에 가깝다. 제인은 이러한 시도를 향해 작은 발걸음을 옮겼다. 그녀의 발걸음이 긍정적인 목적지로 이끌 수 있을까? 대사관 측의 반응처럼 방어의 벽을 굳게 세우는 일을 단기적으로 강화할지도 모른다. 그럼에도 제인은 이 용서와 중보의 메시지가 계속 선포되어야 한다고 생각했다. 하나님의 역사가 늘 그러했듯, 작은 씨앗에서 큰 나무가 성장할 것이다. 이것이 제인의 믿음이고 소망이었다. 그리고 자신이 이곳 한국에서 힘써야 할 사명이기도 했다.

안동 성소병원

6월 하순이었다. 제인은 안동 성소병원을 방문할 날을 대강 잡았다. 안동은 제인에게 어떠한 곳인가? 1909년 지금 자신의 나이와 같은 27세에 젊은 청년 플레처는 대구보다 앞서 그곳에 발을 디뎠다. 그리고 제시 로저스와 만나 결혼했다. 할아버지의 젊은 시절에 관한 추억에 잠겨 보고 싶었기에 제인은 조용히 혼자 다녀오려고 했다. 그런데 안동에 갈 때 자신에게 알려 달라는 구로키 교수의 말이 계속 마음에 걸렸다. 정말 구로키 교수는 나와 함께 방문하기를 원하는 것일까? 그가 방문하려는 또 다른 목적이 있는 것은 아닐까? 이러한 질문에 휩싸이자, 제인의 마음속에서는 그에 대한 부담감이 다시 일었다.

토요일을 사흘 앞둔 6월의 어느 날, 제인은 동산 기독교 역사박물관장인 한 교수에게 전화를 걸었다.

"관장님, 그간 안녕하셨어요. 저 K 대학원 제인 플레처입니다."

"아, 제인 양, 오랜만이네. 그간 잘 지냈지요?"

"네, 잘 지내고 있어요. 그런데 관장님, 이번 주말에는 안동에 가 보려고 해요. 오래전부터 마음먹고 있었는데, 얼마 전에 애락원에 다녀오면서 결심했습니다."

"음, 안동에는 한번 가 봐야지요. 혹시 같이 갈 사람은 있어요?"

"사실 혼자 가 보고 싶은 마음도 있네요. 이젠 한국말도 웬만한 건 할 수 있거든요."

"지난번에 봤을 때도 한국어 실력이 꽤 좋다고 생각했는데, 역시나 내 기대가 어긋나지 않았나 보네요. 그나저나 안동에서 만나 볼 사람을 내가 소개해 줄게요. 메모할 수 있어요?"

"네, 잠깐만요, 관장님."

"안동교회에 가면 먼저 김 장로를 찾아요. 경상북도 북부 지역 교회사 연구 회장이시고, 안동교회 역사 위원장이시거든. 그분이 잘 안내해 주실 거예요. 그리고 거기서 가까운 거리에 플레처 박사님이 초대 원장으로 섬기신 성소병원이 있어요. 성소병원에서는 전략 기획부에 있는 박 과장을 찾아요. 그분도 안동교회 장로이시지."

한 관장과의 통화를 마친 후 제인은 잠시 망설였다. 안동에 방문하게 됐다는 사실을 그래도 알려야겠다는 일종의 의무감에 구로키 교수에게 전화했다. 그런데 제인이 듣고 싶지 않았던 말을 구로키가 꺼낸 것이 아닌가. 그날 계획되었던 보충 강의가 1주일 뒤로 연기되었다는 것이다. 그도 사실 안동에 방문할 일이 있었던지라, 제인만 괜찮다면 함께 가는 것이 어떻겠냐고 제안했다. 그의 제안을 거절하면 또 실례를 범하는 것이 아닐까 하는 두려움에 제인은 그러겠다고 답했다. 구로키 교수와의 통화가 끝나자마자 제인은 민지에게 급하게 전화했다. 이러한 부담스러운 상황에서 자신을 건져 줄 사람은 민지밖에 없었던 것이다.

"아, 미안해서 어떡하지? 이번 주는 안 될 것 같은데. 집에 일이 있어서 꼭 다녀와야 하거든."

"그런데 민지야, 나야 말로 어떡하니? 구로키 교수에게 예의상 전화했는데, 나와 같이 가자고 하는 거야. 거절할 마땅한 명분도 없어서 그러기로 했어."

"아, 그럼 잘 됐네. 혼자 가는 것보다 한 명이라도 같이 가는 게 낫지 않을까? 혹시 너, 아직 구로키 교수에 대해 부담스러운 마음이 남아 있는 모양이구나?"

"응, 사실 그래. 그리고 너와 같이 가면 모를까 둘이라면 더 어색하고 부담스러울 게 뻔하고……. 차라리 혼자 가고 싶다고 솔직히 말할까? 아님, 민지 네가 시간되는 때로 바꿔 보던지."

"평소의 너답지 않은걸? 기왕에 가기로 약속했으니, 그게 구로키 교수에 대한 예의일 것 같아. 혹시 아니? 이번 방문을 통해서 교수에 대한 너의 마음이 좀 더 변하게 될지?"

안동을 방문할 날이 왔다. 오전 9시에 기숙사 정문에서 만나기로 며칠 전 구로키와 약속했다. 사실 혼자 가는 게 편한 면도 있지만 불편하고 힘든 점도 없지 않다. 외국인인 제인으로서는 길을 물어 가는 것이 제약이 많고, 또 대중교통을 이용하는 것도 아직은 익숙하지 않았던 것이다. 구로키 교수가 차로 동행한다는 것은 그런 면에서 도움이 되었음을 부인할 수 없었다. 제인은 이렇게 된 마당에 부담감을 품는 것은 별 소용이 없다는 결론을 내렸고, 상황을 그저 수용하면서 마음 편하게 다녀오겠다고 결심했다. 9시가 갓 넘자 구로키가 도착했고, 그들은 성소병원을 향해 출발했다.

자동차가 고속도로에 진입할 때까지 둘은 아무 말이 없었다. 제인은 마치 자신이 운전하기라도 하는 것처럼 앞 차선만 뚫어지게 바라보았다. 이 때 구로키가 입을 열었다.

"민지가 함께 갈 수 있었다면 좋았을 텐데, 여러 가지로 아쉬운 마음이 드는데."

"네, 교수님. 민지도 함께하고 싶었는데, 집안일이 있나 봐요."

구로키는 자신과 제인 사이에 흐르는 어색한 기운을 감지했는지 화제를 돌렸다. 그 화제란 자신과 제인을 하나로 연결할 수 있는, 바로 한국과 일본과의 관계 문제였다.

"혹시 제인 양은 『제국의 위안부』라는 책을 읽어 봤어요? 최근 한국에서 큰 이슈가 되었고, 또 많은 비판을 받고 있는 책인데 말이야."

"아니요. 아직 못 읽어 봤지만, 그 책을 비판하는 주장에 대해서는 들은 적이 있어요. 그 책은 미국 의회가 관심을 기울이기도 했다지요?"

"응, 알고 있네. 그 책을 쓴 박유하 교수는 와세다 대학 출신으로 나보다 훨씬 연배가 많으시지. 한국에는 도쿄에 위치한 대학 출신으로 구성된 간친회가 있는데, 거기서 1년에 두어 번 볼 기회가 있지."

"위안부 문제는 참 가슴 아픈 역사인 듯해요. 한국에 와서 실상을 자세히 듣고 보니, 그 마음이 더 커져 가네요. 같은 여성이라 더 그러겠지요."

"그렇지. 이 문제에 대해서 나도 한번 정리해야 하는데, 그건 오늘 돌아올 때 기회가 되면 하기로 하고. 가면서는 그 책에 대해서 간단히 언급하면 어떨까 하는데."

"네, 좋아요. 오늘은 듣고만 있을게요."

마땅한 대화의 주제가 없어 고민하던 차에, 자신이 평소 관심을 기울이는 문제에 대해서 교수가 얘기를 꺼내는 것이었다. 한편으로는 다행이라고 생각했고, 또 한편으로는 교수가 어떤 말을 이어 갈지 궁금하기도 했다.

"이 책은 일본이 위안부 문제에 대해서 인식하고 있는 바를 드러내는데, 그중 하나는 다음과 같아. 한국의 위안부들은 일본 제국을 위해 '애국'한 식민지 여성이며, 일본군과 '동지적 관계'를 맺었다는 것이지. 그들은 강제로 전쟁터에 끌려간 게 아니라 다분히 돈을 벌려는 목적으로 자발적으로 가거나 또는 업자에게 속아서 따라나섰다는 거야. 또한 이 문제가 일본 국가 기관의 관여 아래서 한국 여성들의 의사를 거슬러 강요된 반인도적인 범죄 행위라는 사실에 대해 국가적 차원에서 사죄와 배상을 해야 하는 게 국제 상식인데, 1965년 한일 청구권 협정 때에 그 문제가 해결되었다고 생각해. 이에 관해서는 돌아오는 길에 답을 한번 찾아보도록 해봐요."

차는 어느덧 서안동 IC가 5킬로미터 남았다는 표지판을 지나고 있었다. 그리고 얼마 후 목적지에 도착했다는 내비게이션의 멘트가 흘러나왔다.

성소병원은 3층 건물로서 고층 별관이 따로 있었다. 신구관을 합해서 800여 개의 병실을 갖추었다. 100년 전 플레처 할아버지의 시절에 이 고장에 이런 건물이 들어설 줄을 상상이나 했을까? 한 관장이 소개해 준 사람은 본관 3층에 있었다. 구로키 교수는 자신이 같이 가도 괜찮겠냐고 물었다. 같이 갈 필요가 있는 건 아니었지만 시간이 얼마나 걸릴지 모르고 또 장소를 옮겨 다녀야 할지도 몰라서, 교수를 혼자 두는 것은 아니라고 제인은 생각했다. 그들은 함께 3층 사무실로 향했다. 전략기획부 박 과장은 그들을 만나 친절히 영접했고, 미리 준비한 자료를 그들 앞에 내놓았다. 박 과장은 성소병원의 초기 역사가 안동교회와 함께한다는 말로 이야기를 시작했다.

1902년에 제임스 아담스(James E. Adams) 선교사가 이 지역을 순행한 이후, 1908년에 선교부가 설립되었고 C. C. 소텔(Sawtell)이 안동 주재 선교사로 임명을 받았다. 풍산면 사람 김병우가 서문 밖 다섯 칸 초가를 사들여 서원(書院)을 개점하고 8월 8일 주일에 첫 예배를 드린 것이 안동교회의 시작이었다. 성소병원은 1909년 10월 1일에 화성동 선교사 임시 주택에서 최초로 서양 진료를 시작하였다. 안동의료원(자혜원)은 1912년에 문을 열었다.

성소병원은 진료를 시작한 지 채 1년도 되지 않아 하루 600명의 환자가 몰려들었다. 이 기록을 보면, 당시 서양 의술이 어느 정도 인기를 누렸는지 짐작할 수 있다. 이에 플레처는 미국 선교부에 이 지방의 사정을 알리고 병원의 필요성을 강조함으로써 1만 달러의 후원금을 받게 되었다.

플레처는 임시 진료소 체제에서 간이 진료소 체제로 전환하고 병원장으로 취임했다. 그 후 대구 동산병원의 원장 존슨이 원장직을 수행할 수 없게 되자, 플레처는 1911년에 대구 선교부로 이동했고 동시에 동산병원장으로 취임했다. 다시 말해, 플레처 박사는 안동 성소병원을 설립하자마자 대구로 내려왔던 것이다.

그는 병원장으로서 병원 경영이나 관리만 했던 것이 아니라, 의사로서 많은 환자를 진료했다. 전문의가 절대적으로 부족했기 때문에, 플레처의 선교와 치료 사역은 동산병원뿐 아니라 경북 지방에서 기독교 의료 기관이 설립되는 데 큰 영향을 끼쳤다. 이렇게 설립된 동산병원은 오늘날 국내 유수의 대학 병원으로 성장할 수 있었으며, 플레처는 동산병원 역사에서 가장 위대한 병원장 중 하나로 평가받고 있다.

이 대목에서 제인은 살며시 미소를 지었다. 2년여 동안 의료 선교를 하고 대구로 이동한 할아버지에게 내리는 안동의 평가가 아닌가. 밀어닥치는 환자를 진료하느라 몸져누워 청주에서 온 의사에게 치료받을 정도였으니, 할아버지의 헌신과 열정은 어느 정도였을지 대략 짐작이 갔다.

박 과장의 이야기는 이어졌다.

플레처 원장이 진료하던 당시를 짐작하게 하는 사진이 있다. 사진에 등장하는 천막 뒤의 집은 다섯 칸 규모의 초가집으로, 낮에는 진료실로 저녁에는 선교사의 숙소로 사용되었다. 그리고 그 옆에 천막을 이어서 치고 예배를 드렸다는 기록이 있다. 자세히 보면, 천막 앞쪽에 하얀 십자가가 세워져 있음을 알 수 있다. 천막 아래 많은 사람들이 대기하고 있는 것으로 보이며, 검정색 양복을 입고 있는 사람이 바로 사람들을 안내하고 있었던 플레처 선교사로 여겨진다고 설명했다.

흰 두루마기에 갓을 쓴 남자들이나 치마저고리를 입은 여성들의 모습에서 개화기의 안동의 모습을 짐작할 수 있다. 초가집 마당에 쌓여 있는 벽돌은 예배당을 신축하기 위한 재료로 보인다. 초가집 뒤쪽으로 밭고랑이 선명하고, 옷차림이나 헐벗은 산은 추수가 끝난 11월이나 12월경으로 짐작된다.

박 과장이 준비한 자료에는 최근 성소병원이 행한 해외 의료 선교에 관한 글이 실려 있었다.

"개원 95주년을 기념하여 성소병원은 캄보디아와 에티오피아에서 3천여 명의 환자를 진료하는 의료 선교를 성공리에 마쳤습니다. 아직 선교의 걸음마 단계이지만, 세상의 빛과 소금이 되기 위해 세상에 오신 예수님을 본받아 지역 사회와 해외에서 의료 선교 사명을 이어 나가겠습니다."

서양 선교사의 도움을 받아 설립된 병원이 착실히 성장해, 이제는 의료적으로 낙후된 다른 나라를 섬기는 일을 하고 있는 것이다. 은혜를 받은 자가 은혜를 베푸는 자로 변화되는 이런 선순환이야말로 은혜받은 자가 보여야 하는 반응이요 선한 의무라는 생각이 들었다.

제인과 구로키는 100미터 거리에 있는 안동교회로 이동했다. 석조로 쌓은 교회 정면을 담쟁이덩굴이 소담스럽게 기어오르고 있었다. 예배당 전면 지붕에 세워진 세 개의 돌 십자가는 삼위일체 하나님을 상징하며, 양쪽 십자가에서 가운데 십자가로 올라가는 돌계단은 예수님의 열두 제자를 상징했다.

1909년 8월 8일 주일, 유교의 본고장인 안동 한복판에서 8명이 예배를 드림으로써 교회는 시작되었다. 안동교회는 분열이나 갈등 없이 숱한 고난의 세월을 견디며 민족 복음화의 역사를 이어 갔다. 일제 강점기에는 일본군의 총칼로부터 교회와 고장을 지키며 독립운동에 앞장섰다. 안동에서 있었던 독립운동은 경북에서 가장 많은 인명 피해가 발생할 만큼 강력하고 격렬했다. 1919년 3월 13일 이상동의 1인 시위를 시작으로, 27일 풍천면 하회 시위까지 모두 14회 동안 1만여 명이 참가했다.

오후가 되자 구로키 교수는 바깥으로 나가 먼 하늘을 잠잠히 바라보았다. 무엇인가를 골똘히 생각하는 교수를 보며, 제인은 할아버지의 공적을 살피는 이런 자리에 묵묵히 동참해 준 교수에게 고마운 마음을 느꼈다. 그리고 교수가 안동에 오게 된 계기에 대해 다시금 질문하며, 자신이 혹시 도울 일이 있으면 좋겠다는 마음까지 품게 되었다.

안동병원에서 박 과장과 헤어지고 난 후, 구로키는 자신이 어디를 들르고 싶은데 같이 가도 괜찮겠냐고 제인에게 물었다. 그렇다고 대답하자 그는 내비게이션에 '웅부공원'을 입력했다. 공원에 들어서자 고즈넉한 소나무 장송이 서 있었고, 그 옆에 '평화의 소녀상'이 맨발로 앉아 있었다. "역사를 잊은 민족에게 미래는 없다"는 글귀가 질책처럼 따갑다. 이 나라 70여 곳에 소녀상이 설치되어 있는데, 그중 안동의 소녀상은 최근에 설치되었다. 그리고 이 소녀상이 세워진 웅부공원은 일제 강점기 때 위안부 공출을 담당했던 자리라고 한다.

소녀는 고향 마을이 내려다보이는 산등성이 바위 위에 앉아서, 고향으로 한걸음에 내달리기 위해 마지막으로 쉬고 있는 모습이었다. 치맛자락을 잡고 있는 그녀의 왼손은 다시는 고향을 떠나지 않겠다는 다짐을 표현했다. 앞으로 내디딘 왼발은 어두운 과거를 청산하고 현실을 딛고 일어서려는 의지를, 뒤꿈치를 든 오른발은 고향으로 돌아가고자 하는 다급한 심정을 의미했다. 지난겨울에 소녀의 발이 추워 보였는지, 누군가가 발에 고운 양말을 신겨 준 것 같았다. 소녀상 뒤쪽에 있는 황금색 그림자와 오석(烏石)의 그림자는 시대의 단절을 이어 주고 고향과 그리움을 이어 주는 고리를 의미했다.

낙동강 본류와 반변천의 두 강줄기가 만나 비로소 강이 되어 흐르는 곳, 면면한 기상이 서려 있는 보수적인 고장이지만, 필요한 경우 개혁의 길을 담대히 걸어갔던 용기 역시 품고 있었다. 안동은 몇몇 위안부 할머니들의 고향이기도 하다. 증언집 『내가 어떻게 말을 해요. 어무이 가슴에 못 박을라꼬』를 낸 고 김옥선 할머니, 12세 어린 나이에 위안부로 강제 동원된 김외한 할머니 등 몇 분이 이 고장 출신이다.

안동 평화의 소녀상

  무거운 침묵을 지키며 소녀상을 바라보던 구로키는 조용히 입을 열어 다음의 대목을 읊조렸다. "보자기를 움켜잡은 소녀의 오른손은 상실에의 두려움과 잃어버리지 말아야 할 것들에 대한 의지를, 보자기는 한(恨), 과거의 기억, 아픔 등을 묶어서 봉인하고 미래의 희망과 돌아갈 고향에의 그리움을 함께 담고 있다……."
  "교수님, 안동에서 볼일이 있다고 하셨는데, 혹시 이 소녀상을 보시는 일이었던가요?"
  제인의 질문에 침묵으로 답한 구로키는 소녀상 옆에 있는 기다란 판자 벤치에 걸터앉았다. 그러고는 제인에게 와서 앉으라고 손짓했다.

"이 소녀가 지금까지 살아 있다면 나이가 얼마쯤 될까?"

"음, 통계적으로 1927년생 내외가 가장 많다고 들었는데, 지금쯤 90세 전후가 되었겠네요. 혹시 누구 아시는 분이 있으세요?"

"한 분 계셨지, 지금은 돌아가셨고. 그분은 저 소녀처럼 언덕 위에서 고향 마을을 내려다보지도 못하셨지."

구로키 교수의 뜻밖의 말을 제인은 이해할 수 없었다. 그 말이 무엇을 의미하는지 더 묻고 싶었지만, 교수는 이만 내려가자며 제인을 재촉했다. 그리고 자신에게 이메일 주소를 알려 달라고 했다. 평소와는 다른 교수의 언행에 제인은 감을 잡을 수 없었지만, 위안부 문제와 교수가 어떤 식으로든 연결되어 있을 것이라고 막연히 짐작하기 시작했다.

11.

싱가포르 키쿠수이 클럽

안동으로 출발하기 전 답답하고 부담스러운 마음이 컸지만, 이제 제인은 또 다른 종류의 마음을 품게 되었다. 웅부공원에서 교수가 한 마지막 말은 무슨 뜻일까? 나에게 이메일 주소를 알려 달라는 이유는? 그가 내게 어떤 이야기를 들려주려고 하는 것일까? 일본인으로서 한국의 위안부 문제와 개인적으로 연결될 수 없다고 생각했기에, 제인의 의문은 쉽사리 풀리지 않았다.

다음 날 아침 늦게 일어난 제인은 습관대로 컴퓨터를 열었다. 메일 계정을 열자 교수가 메일을 보냈다는 걸 확인할 수 있었다. 이에 제인은 호기심 가득한 마음으로 급하게 클릭했다. 메일은 다음과 같은 장문의 파일을 담고 있었다.

제인 플레쳐에게,

안동에서 돌아오는 길에 위안부 문제에 관해 이야기하기로 했었지? 그 약속을 지키지 못하고 차 안에서 계속 침묵해서 미안한 마음이 드네. 얼굴 보며 이야기하고 싶었는데, 그럴 용기가 나지 않더군. 하지만 이 문제에 관한 나의 이야기를 꼭 나누고 싶어 이렇게 메일로라도 표현해 본다.

일본인 교수로서 대학 강단에 서는 일은 나에게 모순된 감정을 일으키는 것 같아. 일본인이기에 때로는 일본을 방어할 때도 있고, 그래서 한국 학생들에게 가벼운 저항의 몸짓을 느낄 때도 있지. 하지만 나에게 이러한 태도만 있는 건 아니야. 아니, 어쩌면 내 마음 깊은 곳에는 한국 학생들이 경험한 아픔과 분노가 내재해 있는지도 몰라. 동병상련이라고 할 수 있을까. 안동에 다녀오면서 그런 마음이 표면으로 드러났고, 내 안에서 더욱 커져 가더군.

그럼 이제 용기를 내서 내 이야기를 시작해 볼게…….

교수는 이 말에 이어 어떤 이야기를 덧붙였다. 그 이야기는 태평양전쟁 말기에 살았던 어떤 한국 소녀가 쓴 일기의 내용이었다.

1944년의 어느 날 싱가포르에서,
경상북도 안동군 풍천면 삼거리에 우리 집이 있었다. 우리 집에는 논이 제법 있어서 그럭저럭 살 만했던 것 같다. 내가 아홉 살 때 우리 면에 학교가 생겼는데, 풍천 공립 심상소학교라고, 이름이 꽤 길었다. 나는 거기에 입학했고, 공부를 잘하는 편이어서 우등상도 몇 번 받은 기억이 난다. 1941년 4월에 공립 풍천국민학교로 학교 이름이 바뀌었고,

나는 이듬해 학교를 다닌 지 4년 만에 졸업했다. 그때 내 나이 열다섯이었다. 풍천국민학교 이름으로는 첫 졸업생이지. 그때 우리 면에서는 6학년까지 공부하고 졸업하는 학생이 그리 많지 않았던 것 같다.……
풍산읍 쪽에 예배당이 있었는데 친구 따라 자주 갔었다. 찬송가 부르는 것도 즐거웠고, 무엇보다 가끔 교회에서 주는 과자를 먹을 때 기뻤다. 비록 난 중학교를 진학하지는 못했지만, 일본말을 꽤 하는 편이었고 산수도 잘했다. 그런데 그즈음 이곳에 잡혀 왔고, 그 뒤로 고향에 가 보지 못했다. 여기가 어디라고 그 먼 고향땅까지 찾아갈 수 있겠어. 가는 길도 모르고, 돈도 없고, 거기로 데려다 줄 사람 하나 없는데…….

이 글은 바로 구로키 교수의 할머니가 적어 놓은 기록이었다. 이야기는 다음과 같이 이어졌다.

경북이 고향인 친구 류ㅇ자와 나는 제5차 위안단에 소속되었다. 1943년 여름 어느 비 오는 날, 40여 명의 여자들과 함께 화물선 같은 배를 다고 부산에서 출발했다. 그리고 저녁 즈음 일본 후쿠오카라는 곳에 닿았다. 우리는 군수 공장에 취직시켜 줄 거라는 말을 믿고 배에 올랐었다. 하지만 그 말이 거짓이라는 걸 그때서야 깨달았다. 다시 배를 타고 따뜻한 남방으로 이동한다는 소문을 일핏 들었기 때문이다. 우리는 2, 3일을 그곳에서 더 머문 후에 불안에 떨면서 다시 배에 올랐다. 우리가 도착한 곳은 싱가포르라는 나라였다.

거기서 우리는 3개 조로 나뉘어져 각각 헤어졌다. 내가 간 곳은 싱가포르 시티 켄힐로드 77호였는데 '키쿠수이 클럽'이라고 불렸다. 방이 16개나 되었고 요정 형태로 운영되었다. 그곳은 일본군을 상대하는 위안부 집을 겸하고 있었다.

키쿠수이 클럽의 지배인인 구로키 세이토 씨는 그날 아가씨들을 점검하고 방 배치를 했다. 그때 내 위아래를 훑어보더니, 따로 불러 몇 가지를 물어보았다. 너 몇 살이냐? 일본말을 할 줄 아느냐? 산수 계산을 할 수 있느냐? 나는 무서워서 사실대로 대답했다. 일본말은 웬만큼 할 수 있습니다. 이름이 김 아무개인데 국민학교에서 히라가나를 배웠고, 어깨너머로 말하는 법도 배웠습니다. 산수 계산도 자신 있습니다.…… 그때 내 나이 열여섯이었고, 키도 큰 편이었다.

그날 나는 다른 아이들과는 별도로, 주방 뒤에 붙어 있는 다락방 같은 데로 배치 받았다. 밖으로 잘 나오지 못하게 하고 시키는 심부름만 하라고 했는데, 나중에 알고 보니 키쿠수이 요정의 심부름 식모로 빼돌려진 것이었다.

다락방에서만 지낸 지 3일쯤 되던 어느 늦은 밤, 구로키 지배인이 내 다락방으로 들어와 아무 말도 하지 말고 자기가 시키는 대로만 하라고 했다. 지배인은 서른세 살이나 되는 일본 사람으로 도쿠시마현에 부인이 있는 사람이었다. 그날 밤 그 사람이 시키는 대로 한 게, 그냥 난 시집을 가게 된 거였다. 그래, 난 아무 말도 할 수 없었다. 이 무서운 세상에서 다락방에 있게 해준 것만도 어디인가……. 숨이 막힐 것같이 불편했던 때가 태반이었지만, 그게 날 살려 준 길이었다는 걸 나중에야 알았다…….

그날은 일본군도 오지 않는 날이었다. 구로키 씨는 기분 좋게 술에 취한 채로, 어디서 잡기장 따위를 가지고 다락방에 들어왔다. 너와 같이 온 친구들은 뭐하고 있는 줄 아냐, 너도 내가 아니었다면 이런 꼴이 되었을 거다, 그러니 나를 만난 걸 행운으로 알아라, 이런 식의 말을 술김에 내뱉었다. 그리고 자기가 가져온 이 글들을 읽어 보라고 했다. 그래서 나는 그 잡기장을 펼쳤다.

"어머니, 이 사람들이 나를 끌고 가요.……멀미 때문에 배 안 화장실에 가서 토하고 있을 때, 어떤 군인이 와서 나를 범했어요. 다른 여자들도 모두 그 안에서 당했고요……."

"그곳에서 짐승 같은 대접을 받으며 지냈어요. 주는 대로 받아먹고 주는 대로 입어야 했고……외출이라도 하려면 군복을 입어야 했어요. 방에서는 속옷만 입은 상태로 지내야 했고요. 조금이라도 반항하면 폭력이 날아들었어요. 전투에서 군인들이 돌아올 때면 10명이고 20명이고 상대해야 했습니다. 그 고통을 어찌 말로 다 표현할 수 있을까요……."

싱가포르 키쿠수이! 그곳은 시간이 지나도 계절이 변하는 것 같지 않았다. 늘 더웠다. 세상이 어찌 돌아가는 지도 모른 채 난 반복되는 세월을 보내고 있었다. 어쨌거나 니는 지배인의 감시 아래서 그가 시키는 일만 했다. 1년쯤 지났을 때, 이제껏 북새통을 이루던 일본 군인들의 발길이 끊어졌다. 그때가 1945년 8월경이었던 것 같은데, 온통 난리가 났다. 듣기로는, 일본 본토에 원자 폭탄이 떨어져 수만 명이 떼죽음을 당했고, 그래서 천황이 항복했다는 것이다…….

한 달쯤 후에 위안부들이 귀향하기 시작했는데, 나는 그 대열에 끼지도 못하고 지배인의 지시대로 어느 방 다락에 숨어 있었다…….

지배인 구로키 씨는 어딘가를 갔다가 한참 만에 돌아와서 나를 데리고 항구로 향했다. 밤중에 배를 타고 또 옮겨 타는 걸 반복한 끝에 몇 날이 걸려서 홍콩이라는 곳에 도착했다. 거기서 다시 배를 탔고, 며칠 후에 일본 시코쿠섬에 도착했다. 우리는 시코쿠 동부 도쿠시마현에 있는 작은 도시에 가게 되었는데, 거기가 구로키 씨의 고향이었다. 원자탄을 맞은 히로시마가 바다 건너 멀지 않은 곳에 있다고 했다. 그곳에 도착한 지 얼마 후에 나는 한국에 가고 싶다고 그에게 말했다. 하지만 구로키 씨는 내가 한국에 돌아가면 고향 사람들에게 온갖 모욕을 받을 거고, 어쩌면 부정한 년 취급을 받고 맞아 죽을 수도 있다고 경고했다. 이 말에 나는 두려워졌다. 그다지 큰 죄를 저지르지도 않았는데 말이다.

결국 나는 고향에 돌아가는 일을 체념했다. 주어진 운명에 그저 순응하며, 구로키 씨에게 내 남은 삶을 걸기로 했다. 결국 나는 구로키 씨의 아이 둘을 낳았다. 큰 애 이름은 구로키 요시노리, 작은 애는 구로키 민조였다…….

메일은 여기에서 끝났다.

이 구로키 요시노리가 바로 구로키 교수의 아버지였던 것이다. 그러니까 구로키 교수의 친할머니는 한국 안동 출신의 김경란 씨였다. 그녀는 귀환 동포 명단에서 누락됨으로써 귀국선을 탈 수 없었다. 또 할머니가 입적되지 않음으로써 아버지 요시노리와 삼촌은 지배인 구로키 씨의 본부인인 큰할머니의 호적에 올려졌다. 할머니는 그렇게 행방불명자로 여겨져 오랜 세월을 살다가, 한일 국교 정상화 즉 1965년 '한국과 일본 간의 기본 관계에 의한 조약' 이후 일본 거주 조선인으로서 일본 국적을 획득할 수 있었다. 그렇게 할머니는 고향과 가족들을 가슴에 묻은 채, 아리랑 노랫가락에 향수를 달래다가 한 많은 세상을 떠났다. 구로키 교수가 열 살 때였다.

구로키 교수가 하회 마을을 굽이도는 강물을 하염없이 바라본 것도, 어릴 적 할머니가 넋두리로 읊조린 아리랑 선율이 은연중 그에게도 쟁여 있었기 때문인지도 모른다.

이 편지를 읽고 제인은 완전히 새로운 시각으로 교수를 바라볼 수 있었다. 그를 충분히 알지도 못한 채, 그가 일본인이고, 일본 정권을 비호하는 듯한 발언을 했다는 이유로 판단 어린 시선으로 그를 대했음을 돌아보았다. 이러한 생각이 미치자, 교수에 대해서 측은한 마음이 생겨났다. 가해자와 피해자의 피가 모두 섞인 교수가 느꼈을 혼돈과 모순은 얼마나 컸을까? 그는 그것을 어떻게 견디고 소화했을까? 일본과 한국의 지난 역사는 이렇듯 한 개인의 삶을, 아니 이에 연관된 수많은 사람들의 삶을 수렁으로 몰아넣고 말았던 것인가? 이를 누가 보상해 줄 수 있으며, 그들의 아픔을 누가 매만질 수 있단 말인가? 과연 이들을 치료할 약이 있으며, 이들이 바라볼 미래의 소망은 있을까?

이런 생각에 잠기자 제인은 다시 그녀 할아버지를 떠올렸다. 플레처 할아버지는 잘 알지도 못하는 한국 사람들을 위해 자신의 삶을 희생하셨다. 그리스도의 사랑과 복음을 가지고 이들의 병든 영혼과 육신을 치료해 주셨다. 그렇다면 해답은 결국 복음에 있는 것이 아닐까? 한국인이 자신의 쓴 마음을 뒤로하고 그리스도의 마음으로 일본을 품고 복음을 전하는 것만이 해결책이 아닐까? 이것이 자신의 아픔을 치료하고 상대의 어둔 눈을 열게 해주는 유일한 길이라는 확신이 그녀의 머리를 스쳤다.

제인은 워드 프로그램을 열어 무엇인가를 적기 시작했다. 지난번 칼럼에 이은 글의 내용이 급작스레 마음속에서 솟아났기 때문이다. 대략 이런 글이었다.

일본은 더 이상 강자가 아니다. 자신들이 저지른 역사적 과오에 대해 용서를 구하고 용서받아야 할 약자의 입장에 있다. 반면에 한국은 더 이상 약자가 아니다. 자신들이 입은 피해에 대해 상대방을 용서할 수 있는, 아량을 베풀 수 있는 강자의 위치에 있다. 이렇듯 일본은 빚을, 한국은 특권을 소유하고 있다. 따라서 한국은 단순히 무조건적인 사죄와 보상에 대해 요구하는 수준을 넘어, 과감한 용서의 손길을 일본에게 내밀어야 한다. 이것이 양국의 관계를 근본적으로 새롭게 하는 데 필요한 수단이다.

때마침 한 신문이 한국 교회가 세계 각 지역에 선교사를 파송한 실태에 대해 기사를 게재했다. 구로키 교수는 우연찮게 이 기사를 접했는데, 최근 제인을 통해 기독교 선교사들의 행적을 알게 된 그로서는 평소와는 다르게 이런 글에 시선이 향했다. 글의 내용은 대략 다음과 같았다.

1988년에 한국의 해외 선교사 수는 1천여 명으로 세계 55위였다. 하지만 30년이 지난 2016년 오늘 2만 7천여 명으로 성장했다. 조사 기관마다 차이가 있지만, 한국의 선교사 파송 순위는 전 세계에서 5위 안에 든다. 기독교 국가도 아닌 한국이 어떻게 선교사 강국이 될 수 있었을까?

120년 전 '조용한 아침의 나라' 조선에 벽안(碧眼)의 선교사들이 들어왔다. 이들은 '왕이 다스리는 땅' 한반도에 학교와 교회와 병원을 세우며 근대화의 씨를 뿌렸다. 선교사 아펜젤러는 1885년 4월에 조선에 도착해서 그해 8월에 배재학당을 세웠고, 2년 뒤인 1887년 10월에 정동교회를 세웠다. 여자 선교사 스크랜턴은 1886년에 이화학당을 세웠다. 선교사들이 복음을 전한 지 오래되지 않아 한국에서는 부흥 운동이 일어났다. 1903년의 원산 부흥운동, 1907년의 평양 대부흥운동, 1909년의 백만인 구령운동이 대표적인 예다.

한국이 일본의 식민 지배를 받는 상황에서도 복음 전도는 멈추지 않았다. 일본이 신사 참배를 강요하고 또 선교사들을 추방하는 일이 많았으나, 복음 자체는 매일 수 없었던 것이다. 역사적이고 정치적인 소용돌이 가운데서도 복음은 소리 없이 한국 땅에 뿌리를 내렸고, 오늘날 총인구의 20퍼센트 이상이 믿는 수확을 거두었다.

기독교가 한국에 이식되고 성장하는 과정을 거치면서, 한국은 선교를 받는 나라에서 선교를 하는 나라로 변모하기 시작했다. 이것은 "너희가 거저 받았으니 거저 주라"는 그리스도의 명령에 따른 것이었으며, 또한 미주 선교사들에게서 받은 은혜를 다른 이들에게 갚고자 하는 열망 때문이었다. 이렇게 한국의 선교사들은 "땅끝까지 이르러 내 증인이 되라"는 지상 명령을 좇아, 전 세계 곳곳으로 나아갔다.

한국의 선교사들은 가는 곳마다 현지인들에게 환영받고 있다. 먼저는 선교사들이 근면하고 성실하기 때문이며, 사계절에 익숙해서 어느 나라를 가도 적응을 잘하기 때문이고, 또한 황인종이기에 특별히 제3세계나 중동 지역에서도 거부감을 느끼지 않기 때문이다. 한국의 선교사들은 병이 있는 곳에 치료를 가져다주고, 인간의 존엄성이 무시되는 곳에 인권을 세워 주며, 배고픈 이들에게 음식을 전해 주고, 무엇보다 죄악의 무지와 어둠 가운데 있는 자들에게 복음의 빛을 비춰 준다.

구로키는 자신에게 한국인의 피가 흐르고, 또 한국에서 생활하며 학생들을 가르쳤음에도 불구하고 한국이 가진 이런 단면을 보지 못했었다. 비록 한국이 일본에 큰 피해를 입었고 또 전쟁의 아픔도 겪었지만, 한국은 참으로 복 받은 나라일 수도 있겠다고 생각했다. 한국이 이러한 아픈 역사를 딛고 오늘처럼 발전한 원인이 바로 이 복음의 힘에 있는 건 아닐까, 그렇다면 앞으로 바람직한 한일 관계를 맺기 위해서는 어떠한 일들이 진행되어야 할 것인가, 일본 역시 이 복음을 받아들이고 그 복음이 주는 혜택들을 경험할 수 있을 것인가, 하고 그의 생각은 이어졌다. 제인이라는 학생을 만나 그의 할아버지의 행적을 듣고 보았던 최근의 일들이 구로키가 한국을 바라보는, 그리고 기독교 복음을 대하는 새로운 관점을 준 것은 틀림없었다.

나 같은 죄인 살리신 주 은혜 놀라워.
잃었던 생명 찾았고 광명을 얻었네.
큰 죄악에서 건지신 주 은혜 고마워.
나 처음 믿은 그 시간 귀하고 귀하다.
이제껏 내가 산 것도 주님의 은혜라.
또 나를 장차 본향에 인도해 주시리.
거기서 우리 영원히 주님의 은혜로.
해처럼 밝게 살면서 주 찬양 하리라.

동네 친구를 따라 교회에 놀러갔다가 얻어들은 찬송가 중에서 할머니의 기억에 남아 있는 유일한 찬송가였다. 할머니는 이 찬송가를 가끔 흥얼거리셨는데, 어느 날 어린 구로키가 이렇게 물은 적이 있었다.

"할머니가 죄인이야? 왜 맨날 죄인이라고 노래 불러?"

"응, 사람은 태어날 때부터 죄를 가지고 있대. 그런데 하나님이 죄인인 우리에게 은혜를 베푸신 거지. 바로 우리의 죄를 위해 아들 예수님을 이 땅에 보내신 거란다."

은혜, 하나님, 예수님, 십자가, 이런 단어들을 이해하고 받아들일 만큼 성숙하지는 못했지만, 할머니의 말 하나하나가, 그분이 불렀던 찬송가 구절구절이 자신도 모르게 마음 깊이 새겨진 것이었다. 그리고 최근에 그 단어와 가사들이 구로키의 무의식 밖으로 나오고 있었다.

6월 하순이었다. 대학원 수업이 하나둘씩 종강했다. 제인은 방학이 되면 LA의 집에 다녀와야겠다고 마음먹었다. 구로키 역시 오랜만에 부모님을 뵈러 오사카에 가야겠다고 다짐했다. 구로키 교수의 수업이 종강하는 날, 교수는 제인에게 혹시 미국에 가기 전에 시간이 되면 대구 83타워에 같이 가 보면 어떻겠냐고 물었다. 그곳에서 차 한 잔 나누고 싶다는 것이었다. 제인 역시 교수에 대한 그간의 부담감이 많이 사라졌고, 또 교수가 지난번 보낸 메일에 대해서 혹시라도 더 깊이 대화할 기회가 있지 않을까 하는 기대감에 그러자고 했다.

그들은 7월 초 어느 토요일에 대구 타워 입구에서 만났다. 그들은 티켓을 구매한 후 엘리베이터를 타고 전망대에 올랐다. 구로키는 이 고장에 온 지 3년이 넘었는데 이 타워를 멀리서 바라만 보았지 방문하는 건 처음이라고 했다. 그는 77층에 있는 카페로 제인을 안내했고, 그들은 창가 옆에 있는 4인용 테이블에 비스듬히 마주 앉았다. 한국인 남자와 외국인 여자가 서로 데이트하는 것처럼 보이기에 부족함이 없었다. 그런 분위기를 느꼈던 것인지, 그들은 서로 머뭇거리는 표정을 지었다. 그때 구로키가 먼저 말을 꺼냈다.

"오늘 제인과 이렇게 만나니 기분이 좀 어색하고 묘하네."

제인은 그제야 구로키 교수가 자신을 학생 이상의 존재로 느끼고 있음을 직감했다. 제인은 교수에 대해서 그런 식의 마음을 품어 본 적이 없었기에 조금은 당황해했다. 하지만 교수의 말투와 표정이 그렇게 싫지만은 않았다. 오히려 자신의 마음속에서 수줍어하는 소녀의 감성이 올라옴을 느꼈다. 교수의 그런 시선이 부끄러워 제인은 창밖을 내려다보았다. 250만의 인구를 포용하는 도시답게 동서남북 어디를 봐도 빌딩이 질펀하게 펼쳐져 있다.

  구로키는 숨겨 둔 말을 꺼내려는 듯 제인을 바라보며 말했다.

  "제인은 먼 태평양을 건너왔고 나는 가까운 이웃 나라 일본에서 왔는데, 한국에서 이렇게 교수와 학생으로 만난 것도 의미 있는 일인 것 같아. 우리 둘 사이의 공통 관심사인 한일 관계에 대해서 깊이 대화할 수 있어서 참 좋았고. 또 제인을 통해 제인 할아버지와 선교사분들의 행적에 대해서 알게 된 것도 내겐 신선한 자극이었어."

  이어 구로키는 제인이 쓴 칼럼에 대해서도 말을 꺼냈다. 미국인으로서 한국과 일본과의 관계에 대한 역사 자료들을 충실하게 인용한 것에 놀랐다는 말과, 제인의 논조에 자기 역시 많은 부분 공감하게 되었다는 말을 꺼냈다. 특별히 일본군 위안부 문제에 대해서 좀 더 정직하고 객관적인 시각을 갖게 되었다고 고백했다. 이러한 일련의 경험들을 통해, 자신의 정체성과 한일 관계가 어디로 나아가야 하는지에 대해 깊이 고민하게 되었다고 덧붙였다.

  "교수님, 정말 감사하네요. 그간 저의 언행으로 인해 교수님 마음이 불편하지 않으셨을까 많이 고민했는데, 그렇게 긍정적으로 받아들여 주셔서 참 감사드려요. 사실 교수님과의 만남과 대화를 통해 저 역시 많이 변하고 성숙해짐을 느꼈답니다. 한국에 대한 과도한 애정 때문에 때로는 일본과 일본인을 비판적인 시각을 가지고 대했던 적이 있었어요. 하지만 할아버지의 행적을 확인해 나가면서, 복음을 통해 드러난 사랑의 의미를 저 역시 배울 수가 있었어요. 이제는 일본을 주님의 마음과 관점으로 보기 시작한 것 같고, 어쩌면 사랑으로 품을 수도 있을 듯해요."

"사실 내가 궁금한 것 중에 하나가 바로 그거야. 복음이란 게 과연 무엇일까? 복음에서 드러난 사랑과 용서라는 것이……."

제인에게는 참으로 반가운 화두였다. 둘 사이를 가로막고 있던 갈등과 견해의 차이가 어느새 많이 녹아졌고, 그래서인지 복음에 대해 이야기할 수 있는 마음의 준비가 된 것이 아닌가 생각했다.

"사실 저도 정확히 표현하고 설명할 수 있을지 자신이 없어요. 선교사 가정에서 자랐지만, 한국에 와서야 참된 믿음에 대해서 고민하기 시작해서요. 그래도 제가 알고 믿고 느낀 걸 편안하게 말씀드려 볼게요."

"응, 그래."

"복음은 하나님께서 인간에게 주신 좋은 소식이에요. 모든 인간은 죄를 지었고 그 죄에 대해서 대가를 치러야 하는데, 성경에서는 그 대가를 심판과 영원한 형벌이라고 말해요. 그런데 하나님의 하나밖에 없는 아들 예수 그리스도가 이 땅에 오셨지요. 예수 그리스도가 우리 죄인을 위해 십자가에 달려 죽으셨고 부활하셨다는 것이 바로 복음이에요. 예수 그리스도를 믿기만 하면 하나님의 자녀가 되고 사망에서 생명으로 옮길 수 있다는 것이 바로 성경의 약속이고요."

"응, 이것이 바로 할머니가 해주신 말의 의미로군. 많이 들어서 이미 알고 있는 내용인데, 오늘은 좀 마음으로 느껴지는걸."

"저도 이제 막 그 의미를 깨우치기 시작했어요. 그리고 할아버지께서 걸어가셨던 그 길을 나도 걷고 싶은 소망도 함께 생겼고요. 한국에 남아 공부하기로 결정하고, 또 이렇게 교수님을 만나 복음에 대해서 나눌 수 있게 된 것이 참으로 감사해요."

"아, 나를 만난 것을 감사하게 생각한다니, 기분이 나쁘지 않네."

"할아버지도 복음을 전하실 때 이런 마음이셨을까요? 복음을 전하는 것이 상대방을 섬기고 위하는 가장 귀한 방법이라는 걸, 이제야 조금씩 알 것 같아요."

"음, 나도 언젠가 제인이 경험한 복음의 의미를 알게 될 날이 올지도 모르겠네. 지금 당장 확신이 드는 건 아니지만, 이에 대해 더 알고 싶은 마음이 드는 건 사실이야."

"아, 교수님, 그러면 언제 한번 교회에 와 보시면 어떠세요? 저 역시 한국에서 교회를 출석하면서 믿음이 더 성장했거든요."

"이야기가 너무 빠르게 진행되는걸? 나보고 바로 신자가 되라는 요구는 아니겠지?"

무겁고 조심스럽게 시작한 대화가 이렇게 재미있게 풀려 나갈지 제인은 몰랐다. 비록 교수가 확답을 주지는 않았지만, 오늘 이런 대화를 나누게 된 것이 하나님의 섭리 때문이었음을 제인은 고백할 수 있었다.

메스와 십자가

구로키 교수와 대구 타워에서 시간을 보낸 날 저녁에 제인은 어머니에게서 온 전화를 받았다.

"제인, 그동안 잘 있었니?"

수화기 저편에서 들려오는 어머니의 음성이 그렇게 반가울 수 없었다. 먹는 건 제대로 챙겨 먹고 불편한 데는 없냐는 엄마들의 걱정은 미국이나 한국이나 다 동일하다. 서른이 다 되어 가는, 주장과 소신이 넘치는 제인도 어머니 앞에서는 작은 딸로 변했다.

"네, 잘 있었어요. 어머니 아버지도 잘 지내셨지요?"

"응 그래, 잘 계셔. 그런데 종강은 안 했니? 여름인데 언제쯤 LA에 올 거니? 비행기 티켓도 미리 예약해 놔야 할 텐데."

"네, 다 생각하고 있어요. 그런데 7월 중순까지 회사에 일이 있어서, 아마 8월 초쯤 가게 될 듯해요."

"그렇구나. 어쨌거나 어서 봤으면 좋겠다. 참, 그리고 도널드 숙부께서 집필하신 플레처 할아버지의 일대기가 출판되었어. 지난주에 네 주소로 두 권을 보냈다. 네가 할아버지의 신앙과 삶을 연구하는 데 큰 도움이 될 거야."

"아, 벌써 출판이 되었나 보네요. 어서 봤으면 좋겠어요."

제인은 구로키 교수와의 사이에서 있었던 그간의 일을 어머니께 말할까 고민하다가, 전화로 할 얘기는 아니라고 생각하고 전화를 끊었다.

수요일이었다. 민지는 지난주 목요일에 군산에 갔다가 오늘 왔으니, 제인과 민지는 한 주 만에 서로 보는 셈이었다. 제인은 그간 쌓인 이야기가 많았다. 안동에서 구로키 교수와 보내면서 보고 느꼈던 것들, 교수의 메일을 통해 알게 된 그의 개인사와 갈등들, 대구 타워에서 싹튼 새로운 감정과 복음을 전했던 시간들. 이 모든 것을 민지에게 제대로 나눌 기회가 없었고, 그래서 본의 아니게 비밀이 되어 버렸던 것이다. 제인은 언젠가 이것들을 차근차근 풀어놓겠다고 다짐했다.

수풀에 싸인 K 대학 기숙사의 여름. 때 이른 풀벌레 소리와 작은 계곡의 낮은 물소리가 서로 어울려 청량감을 느끼게 했다. 제인은 한국 생활에 적응하면서, 도시 속에서 우거진 숲과 계곡이 그의 정서에 알맞다고 생각했다. 이렇게 기숙사의 안락함을 만끽하고 있던 그때, 제인에게 문자가 왔다. 해외에서 택배가 도착했다는 문자였다. 서둘러 아침 식사를 마친 제인은 우편물 도착 센터로 향했다. 어머니가 보내 주신 책이 도착했던 것이다.

책 이름은 『메스와 십자가』(By scalpel and cross)로, 외과용 메스로 십자가를 만든 표지가 인상적이었다. 부제는 "옛 한국의 의사 선교사"(A

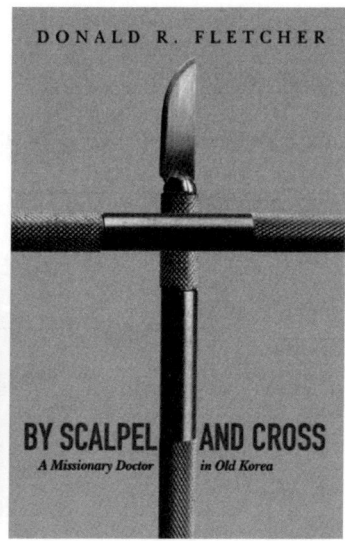

선교사 플레처 일대기(메스와 십자가)

Missionary Doctor in Old Korea)였다. 지은이 도널드 R. 플레처 종조부께서는 1919년에 대구에서 태어나 자랐으며, 프린스턴 대학과 프린스턴 신학대학원에서 공부했다. 그분 역시 칠레 등지에서 선교사로 사역했고, 대학과 고등학교에서 교육자로 봉사했다. 세인은 그 책을 들고 바로 도서관으로 가서 읽기 시작했다.

UCLA 대학교의 교수이며 한국 교회사 연구의 전문가인 옥성득 교수가 책 서문을 썼다. 그 밖에 미국의 저명한 신학자들이 추천의 글을 남겼다.

저자는 이 책의 집필 동기를 다음과 같이 밝혔다.

"1910년부터 1950년에 이르는 격동의 세월, 한국이 한 나라로서 형성되는 중요한 시기에 있었던 아버지의 이야기를 한국인뿐만 아니라 전 세계의 관심 있는 독자를 위하여, 또한 하나님의 뜻대로 사용되기 원하는 독자들에게 도움을 주려는 소망으로 이 책을 씁니다."

책은 25개 장으로 나누어졌는데, 애락원과 나병에 관해 할애한 대목이 많았다. 플레처 할아버지가 나병환자들의 인권에 대해 많은 관심을 기울였던 점도 더 자세히 확인할 수 있었다. 특별히 제인의 시선을 사로잡은 부분이 있었는데, 책 말미에 실려 있는 "젊은 부부의 탈출기"라는 제목의 글이었다. 이 글을 읽는 내내 이들의 이야기가 한 편의 드라마처럼 제인의 마음속에서 그려졌다.

어느 날 집에서 저녁밥을 먹고 있을 때 손에서 숟가락이 흘러 떨어졌다. 순녀가 여덟 살쯤 되었을 때였다. 가난한 농사꾼이었던 아버지는 왜 숟가락을 떨어뜨렸냐고 묻지도 않고, 숟가락을 다시 쥐여 주고는 한참 멍하게 바라보았다. 마치 올 것이 왔다는 표정이었다.

그런데 그날 밤 늦게 어머니가 흐느끼는 소리가 들려왔다.

"우리 아버지도 그랬는데……이게 웬 날벼락이에요. 유전병이 틀림없는가 봐요. 어린 것이 불쌍해서 어떻게……. 어디 의원한테 데리고 가 봐야 되잖아요?"

"병원이 어디라고 가? 가기는 가 봐야겠지만 당장 소문날 거야. 이거 소문이라도 나면 어떻게 할까?"

아버지는 깊은 한숨만 내쉴 뿐 그 뒤로는 말이 없었다. 어머니와 아버지의 그런 반응은 이런 사태를 이미 예감하고 있었다는 증거였다. 그렇게 하루하루 시간이 지나자 순녀의 얼굴에 벚꽃의 분홍색이 나타나고 속눈썹이 조금씩 떨어지기 시작했다. 그녀는 거울에 비친 자기 얼굴을 보고 소리 지르며 밖으로 뛰쳐나갔다. 동네 언덕 아래서 혼자 얼마나 울었는지 몰랐다. 밤이 되자 엄마가 찾아 나와 소리 없이 울고 있는 순녀를 부둥켜안았다. 모녀는 눈두덩이가 퉁퉁 붓도록 함께 울었다.

순녀가 동네를 지나갈 때 사람들이 수군거렸다.

"저 아이 문둥이 아니야? 저건 쳐다만 봐도 전염될 수 있어. 정말 재수 없네."

사람들의 이런 반응을 접한 순녀는 그저 죽고 싶었다. 그 무렵 어머니는 어쩔 수 없이 순녀를 데리고 고향을 떠나 외할아버지가 계신 곳으로 갔다. 그곳이 바로 전라남도 고흥군에 있는 소록도였던 것이다.

외할아버지의 손가락과 발가락은 소나무 뿌리처럼 휘어져 있었다. 게다가 양쪽 손에 약손가락과 새끼손가락은 떨어져 나가고 없었다. 눈썹은 다 빠지고 얼굴은 흉측하게 뒤틀려 있었다.

처음 만난 할아버지는 순녀에게 이렇게 말했다.

"이걸 어찌할꼬. 네 엄마를 건너뛰고 너에게 내려왔구나. 나만 받고 끝날 일이지, 세상에 네게 무슨 죄가 있다고……어린 니에게 이게 무슨 형벌인고, 불쌍해서 어떡할까……. 옛날에 예수님은 이 병을 깨끗이 낫게 해주셨다는데, 너는 아직 어리니까 예수님 잘 믿으면 깨끗이 나을 거야. 응, 그러고말고. 그리고 이제 좋은 약도 나왔다는데, 너는 여기서 세월 다 보내지 말거라."

외할아버지는 순녀가 온 지 몇 년 뒤 그만 세상을 뜨고 말았다. 할아버지가 돌아가시자 순녀는 어쩔 수 없이 부모님이 계신 광양 집을 다시 찾아갔다. 그런데 가족들의 눈빛이 예전과 달리 너무나 차가웠다. 아버지가 말했다.

"이것아, 여기가 어딘데 돌아왔느냐. 이제 여기는 네가 올 곳이 못 된다. 그렇지 않아도 문둥이 집이라고 동네 사람들이 손가락질하는데……. 우리까지 쫓겨날 판이라 이사를 가려던 참이다."

그때 다시 아버지에게 억지로 이끌려 트럭에 오를 수밖에 없었다. 임시 집합소인 순천에 도착하니 30명 정도의 환자들이 모여 있었다. 1주일 뒤 녹동항에서 배를 타고 그곳 소록도에 다시 들어갔다.

그녀가 열네 살 때였다. 외할아버지도 없는 소록도는 여자아이에게 너무 무섭고 쓸쓸한 곳이었다. 만나는 사람은 얼굴이 일그러지고 손과 발이 뭉그러져 있는 어른들뿐이었다. 그래도 그녀는 주위 사람들의 도움으로 모든 걸 운명으로 받아들일 수 있었다. 소록도 녹생국민학교에서 공부하고 졸업할 수 있었고, 또 교회에 나가 목청껏 찬송가를 부를 수도 있게 되었다.

몇 년의 시간이 강물처럼 흘러 순녀가 열아홉 살이 되던 해였다. 마음씨 좋은 이웃집 할머니가 남자를 하나 소개해 주었다. 이름은 최영귀였고, 같은 마을에 사는 나병환자였다.

"이 섬까지 들어온 사람들은 누구나 다 비밀을 가지고 있어. 고향이나 이름까지 숨기니까. 우리는 서로 그런 걸 묻지도 않고 말하지도 않지. 그런데 내가 그 남자를 겪어 보니까 착하고 심지가 굳은 사람이다. 나이가 좀 들었어도 괜찮은 사람이야. 사람은 혼자서 살 수는 없는 게야. 우리 늙은이야 그렇다 치더라도 젊은 사람들은 꼭 붙어서 살아야지 않겠어? 이 험한 세상을 이겨 내려면……."

그렇게 해서 순녀는 그 남자와 만나게 되었다. 형제도, 심지어 어머니 아버지까지도 반겨 주지 않는 이 세상에서 듬직한 남자의 사랑은 세상을 다시 느끼게 했다.

구름 사이를 뚫고 나온 태양이 조용한 남쪽 바다에서 금빛으로 빛났다. 구름 뒤로 펼쳐진 파란 가을 하늘을 그녀는 마치 처음 보는 듯 아름답다고 느꼈다. 하늘이 주는 최고의 선물이었다. 어느덧 그녀는 스무 살이 되었다. 그 무서운 나균도 여자의 성숙을 앗아 갈 수는 없었던 모양이었다. 영귀와 순녀가 혼인을 하기로 한 날 영귀가 말했다.

"하늘이 마련해 준 경삿날인데, 너에게 고백할 것이 하나 있다. 나는 우리 집에서 3대 독자였고, 그래서 일찍이 결혼을 한 번 했어. 그런데 이 병이 생겨날 즈음에 여자가 눈치를 채고 도망을 갔어. 도망갔다기보다는 헤어진 거지. 나는 그때까지 내가 나병이 있는 줄도 몰랐고……. 이렇게 못난 나를 너처럼 착하고 예쁜 사람이 받아 주거야. 정말 고마워. 나는 스물여섯 살까지 공사장에서 일해서 돈도 조금 마련했어. 게다가 여기 들어와서 병도 더 이상 도지지 않는 것 같고. 앞으로 내 명이 다하도록 너를 지켜 줄게."

그런 이야기를 처음 듣는 순녀는 눈시울을 붉혔다.

"저도 고마워요."

그렇게 그들은 할머니가 마련해 준 잠자리에서 첫날밤을 치렀다. 하지만 그들은 비밀 부부로 지내야 했다. 결혼하려는 남성 한센인들에게 병원 측에서 단종 수술을 엄격하게 시행하고 있었기 때문이다. 자식에게 전염될 가능성이 있다는 이유였다. 그래서 그들은 남녀 독신 방에서 당분간 그대로 지내기로 했다. 대신 중앙공원 위쪽 숲속에 밤중에 만날 수 있는 은밀한 장소를 마련했다.

1주일쯤 지난 어느 날이었다. 영귀는 그들만의 약속을 실행하기 위해 온종일 기다렸다가, 통행금지 시간이 한 시간쯤 지났을 무렵 순녀가 있는 중앙리 병사로 발걸음을 옮겼다. 잡혀서 감금실에 끌려갈지라도 순녀를 만나고 싶은 마음을 억누를 수 없었다.

멀리 아내의 병사에서 희미한 불빛이 새어 나왔다. 영귀는 도둑고양이처럼 다가가서 벽에 붙어 섰다. 순녀의 모습이 불빛에 어슴푸레 보였다. 가슴이 두근거렸다. 내 아내를 내가 만나려고 하는데 이렇게 긴장해야 하나? 영귀는 손으로 창문을 살짝 두드렸다. 10분쯤 지났을 때, 순녀는 화장실에 가는 듯이 나와 뒷길 공원 옆 숲속으로 살그머니 들어갔다. 조금 더 올라가면 중앙리 감금실 뒤 한적한 숲속이다.

거기 누가 꾸며 놓은 침실인지 모르지만 얕은 방공호만한 넓이로 골이 져 있었고, 그 위에 가랑잎이 덮여 있었다. 제법 푹신했다. 아마 다른 커플들이 이용한 곳일지도 모른다.

영귀가 그의 점퍼를 벗어 마른 잎사귀 위에 깔았다.

"괜찮을까요?"

순녀는 가랑잎 위에 누우면서 떨리는 음성으로 속삭였다.

"괜찮아, 그냥 애기만 가질 수 있으면 돼."

첫날밤 이후 두 번째 밀회의 시간이다. 그런데 그들의 기척을 듣고 나왔을까. 저 아래 감금실 모퉁이 쪽에서 희끄무레한 사람의 그림자가 보이는 듯했다. 게다가 저벅거리는 소리를 내며 이쪽으로 다가오는 것이 아닌가. 눈치도 없이 부스럭거리며 속옷을 끌어올리는 순녀의 손을 영귀는 꽉 붙들었다.

영귀는 온몸에 식은땀이 났다. 이 사태를 어떻게 해야 할까? 이런 모양으로 그대로 잡힌다면? 동네방네 소문이 도는 건 물론이고, 당장 감금대로 끌려갈 것이다. 아, 그건 생각도 하기 싫다. 그런데 만약 이리로 다가오는 사람이 하나뿐이라면? 그렇다면 놈이 최대한 가까이 다가왔을 때 넘어뜨려야겠다. 영귀는 그렇게 생각하고 기회를 엿보고 있었다.

그런데 이게 웬일까? 놈은 걸음을 멈추고 바지를 내려 소변을 보는 게 아닌가? 일을 다 마쳤다는 듯 흥얼거리며 그는 오던 길을 되돌아갔다. 영귀가 있는 쪽을 응시하는 듯하더니, 가던 길을 계속 걸어갔다.

"괜찮을까요?"

그제야 속옷을 추슬러 올리면서 순녀가 떨리는 음성으로 속삭였다.

"가긴 갔는데, 잘 모르겠어. 다른 순시를 데려올 것 같지는 않아 보이는데, 혹시 모르니 저 반대쪽으로 빨리 몸을 숨기자고."

다행히 순시원들은 몰려오지 않았다. 알고도 그냥 모른 척 봐준 건지 모를 일이었다. 순녀와 영귀는 그 밤 지옥을 몇 번 다녀온 한숨을 가누고 몸을 숨긴 후에, 어두운 곳만을 디디며 각자의 숙소로 돌아갔다.

그 무렵, 수호라는 일본인이 제4대 소록도 원장으로 부임하게 되면서 환자들의 수난의 역사가 시작되었다. 원장은 첫 번째 목표를 소록도 확장에 두고, 직원 관사와 창고 등의 건물을 지으려 했다. 그리고 이에 필요한 벽돌을 굽기 위해 벽돌 공장도 지으려 했다. 원장은 이 모든 건축을 진행하기 위해 원생들을 강제로 동원했다. 게다가 군수 물자를 마련하기 위해 여자 환자들을 동원해서 송진을 채취하게 하고, 1년에 수만 장의 가마니를 만들게 했으며, 토끼 가죽을 구해 오게 하고, 수만 포의 숯을 제조하게 했다. 이렇듯 원장은 원생들을 노예나 다름없이 취급했다. 끝없는 강제 노역에 병은 더 악화되었고, 문드러진 손발은 상처투성이로 변했다. 원장의 말을 잘 듣지 않는 원생들은 가혹한 매질을 견뎌야 했으며, 심지어 자살하는 환자까지 생기게 되었다. 이곳에서 더 이상 살 수 없다고 생각한 원생들은 소록도를 빠져나가기 위해 안간힘을 썼다. 심지어 바닷물에 뛰어들었다가 빠져 죽는 환자들도 늘게 되었다. 여기에 더하여 원장은 자신의 동상을 세워 환자들에게 참배하도록 강요했다.

그 당시 소록도에는 감금실이 있었다. 원장은 임의대로 이곳에서 원생들을 징벌했다. 그리고 남자 원생들이 이곳을 나올 때에는 정관 절제 수술을 받게 했다. 이곳에서 받는 정관 절제 수술은 다시는 회복될 수 없는 단종 수술이었다. 소나무 두 그루를 옮기라는 간호장의 명을, 위급 환자를 돌보느라 제때에 받들지 못한 한 청년이 이곳에서 강제 수술을 받았는데, 그가 쓴 시가 사람들의 가슴을 칼로 에듯 아프게 했다. 그는 남생리에 살던 '이동'이라는 이름의 독실한 기독교인이었다.

단종대(斷種臺)

그 옛날 나의 사춘기 시절에 꿈꾸던
사랑의 꿈은 깨지고
여기 나의 이십오 세 젊음을
파멸해 가는 수술대 위에서
내 청춘을 통곡하며 누워 있노라.
장래 손자를 보겠다던 어머니의 모습
내 수술대 위에서 가물거린다.
정관을 차단하는 차가운 메스가
내 국부에 닿을 때

모래알처럼 번성하리던
신의 섭리를 역행하는 메스를 보고
지하의 히포크라테스는

오늘도 통곡한다.

또 병원에서는 젊은 여성들을 매달 주기적으로 검진했다. 임신이 발각되면 사정없이 강제 낙태를 당해야 했다.

젊은 가임 여성인 순녀에게도 검진을 받으라는 지시가 내려왔다. 그런데 때마침 순녀는 자신의 몸에서 임신의 징후를 느꼈다. 이 사실을 영귀에게 몰래 알렸더니, 무슨 일이 있어도 잡혀 검진을 받지 말고 기회를 보자고 했다. 태어나기만 하면 사람은 어떻게든 살게 되어 있다. 이 병은 유전병이 아니라는 사실이 밝혀졌는데도, 그들은 우리의 씨를 말려 버릴 작정이란 말인가.

"문둥이 죽인 것도 살인인가?" 이 말은 소록도 조무원들이 입버릇처럼 쓰는 말이었다. 부당하게 맞았다고 대들면 순사들은 환우들에게만 총부리를 대고, 형무소가 아니면 감금실로 몰아넣었다. 중노동에 시달리다 죽으면 사고 보고서도 작성하지 않았다. 고향도 밝히지 않는 사람들이니 그들에게는 유가족도 없는 셈이었던 것이다.

영귀는 이 겨울이 지나면 무슨 수를 써서라도 아내 순녀를 데리고 탈출하리라고 작심했다. 여수 애양원이나 미국 선교사 원장이 있는 경상도 쪽에는 이런 단종대나 감금실도 없다는 소문을 그는 바람결로 들은 적이 있었다. 그때부터 그는 틈만 나면 이곳을 탈출할 기회를 노렸다. 혼자 몸이 아닌 아내 순녀를 함께 데리고 나가야 했기에, 그 어느 때보다 조심스럽고 또 치밀하게 계획했다.

그러던 어느 날 수호 원장의 동상을 참배하는 날에, 원생 이춘상은 곪아 터진 손목에 헝겊으로 칼을 꽁꽁 매고, 동상을 향해 올라가는 수호의 오른쪽 앞가슴을 찔렀다. 원장은 죽었고, 이춘상은 그 자리에서 체포되어 총독부 법원에서 사형을 선고받았다. 원생들은 이춘상이 안중근 의사에 버금가는 인물이라고 입을 모았다. 이 사건은 당시 소록도의 실상을 적나라하게 드러낸 대표적인 사건이었다.

지옥에서의 탈출

소록도 언덕바지 마른 잔디에 속잎이 돋아나던 이른 봄, 영귀는 이전에 자신을 한 번 실어다 준 적이 있는 뱃사람과 만났다. 이 지옥의 소록도를 탈출할 배를 교섭하기 위함이었다.

"뱃삯은 얼마면 되겠소."

뱃사람은 배를 녹동으로 대면 안 된다고 했다. 고흥을 빠져나가려면 계매검문소에서 백발백중 잡히니, 뱃삯을 좀 더 주고 득량만을 건너 보성 쪽으로 빠져나가는 게 안전하다고 말했다. 영귀도 그 말이 맞다고 생각했다.

"그러려면 1원 50전은 줘야 할 거요."

"알았소. 그렇게 준비할 테니 그 시간에 그리로 꼭 오셔야 합니다."

시간은 달 지고 나서 조금 뒤, 구북리 뒷산 십자봉 아래 널 끝으로 정했다. 거기는 수목이 울창해서 은신하기가 좋았고, 뒤편 낮은 절벽 사이에 숨어 있다가 배를 타고 빠져나갈 수 있다. 벽돌을 운반하면서 알아 둔 곳이었다.

영귀는 아침 일찍 순녀가 있는 여숙사로 찾아가 은밀하게 일러두었다. 웬만한 짐은 놔두고 꼭 챙겨야 할 것들만 보따리 하나에 담을 수 있어야 한다고 했다. 그날 소록도 거리에는 온통 벚꽃이 봉우리를 틔우고 있었다. 섬에서는 조금도 반갑지 않은 그 저주의 분홍색이 사람에게서도 벚꽃에서도 넘쳐 났다. 그리고 밤이 되자 그 분홍색은 검은색으로 덧입혀졌다.

파도가 해변으로 밀려와 조약돌을 어루만진 후 물러났다. 낮에 온갖 작업장에 배정되어 쉼 없이 일했던 사람들은 각자의 집으로 돌아가 고달픈 하루를 마무리하고 있었다. 녹동 앞바다에도 득량만에도 짙은 어둠이 내렸다.

순녀는 통행금지 시간을 넘기기 전에 남편과 약속한 장소에 가기 위해 숙사를 출발했다. 중매를 서 준 할머니에게는 미안하게도 아무 말도 하지 못했다. 둘이 한꺼번에 사라진 것을 알면 속 깊은 할머니가 짐작하고 충분히 이해해 줄 거라고 여겼을 뿐이다.

순녀는 철조망 지대를 통과했다. 화장장, 납골당, 연탄 공장, 벽돌 공장, 연합 예배당을 지나서 떨리는 가슴을 부여안고 되도록 길이 아닌 곳을 이용해 구북리로 갔다. 한편 영귀는 사람들의 왕래가 끊어진 때를 틈타 구북리 숲속에서 할 수 있는 준비를 다하고 순녀와 배를 기다리고 있었다. 좁다란 해협 건너 손에 잡힐 듯한 녹동항이 어둠 속에서 어슴푸레 보였다.

음력으로는 3월 20일, 그 고통스럽고 시린 겨울을 감내하고 봄을 맞이한 날 저녁, 한밤이 되기 전에 달이 뜰 것이다. 영귀가 초조해하고 있을 때, 순녀는 제법 묵직해 보이는 보따리를 낀 채 약속대로 배보다 먼저 와 주었다.

배는 달이 뜨기를 기다렸다는 듯 바위틈 사이에 붙여 대었다. 어두워서 발이라도 헛디디면 끝장이다. 먼저 오른 영귀가 순녀의 팔을 잡아 배에 태웠을 때, 모두 안도의 한숨을 내쉬었다. 이에 배는 출발했고, 득량도 앞을 가로질러 율포 숲에 닿았다. 그곳은 여름에 해수욕을 할 수 있는 모래사장이 있는 곳이었다.

"잘들 가시오. 그리고 여기서 한두 마장쯤 가면 봉화산 고개 못 미처 왼편으로 영천 저수지가 있고, 그 옆으로 상엿집이 하나 있소. 거기 하루 이틀 은신할 수 있을 것이오."

비렁뱅이 짐도 사람도 내린 뒤, 뱃머리를 돌려 돌아가던 뱃사람이 마지막으로 일러 준 말이었다.

영귀와 순녀 부부는 지긋지긋한 소록도를 벗어났지만 당장 몸을 누일 잠자리가 걱정이었다. 그들은 뱃사람이 가리킨 대로 봉화산을 바라보며 걸었다. 깊은 밤이었다. 한참 만에 작은 저수지가 나왔고, 작은 까대기가 언뜻 보였다. 저수지 숲 가에 있는 상엿집이었다. 문짝이 달려 있기는 했으나 자물쇠는 없었다. 그들은 거기서 몸을 눕힐 자리를 만들어 새벽을 맞았다. 날이 새자 영귀는 상엿집을 나섰다. 보성읍으로 들어가서 먹을 것을 구해 오고, 또 기차역이 어디쯤에 있는지 알아볼 계획이었다.

그는 온종일 보성읍 거리를 어슬렁이다 해가 다 넘어갈 무렵에야 정미소를 발견했다. 거기서 쌀을 좀 얻을 수 있을까 하는 기대에 기웃거리다가, 그 집에 작은 트럭이 있는 걸 발견하고 주인을 찾았다. 벼를 도정하고 실어 나르는 데 쓰는 트럭이었다. 영귀는 주인에게 그들 부부를 태워다 줄 수 있겠냐고 사정했다. 주인은 영귀의 차림새를 보고 난색을 표했으나, 운임을 선불로 충분히 주겠다는 말에 못 이긴 듯 승낙했다.

"벌교나 순천까지는 몰라도 경상도 진주까지는 어렵소."

"진주까지 가야 기차를 얻어 탈 수 있으니, 제발 그곳까지만 태워다 주십시오."

"진주까지는 꽤 먼데, 꼭 그럴 양이면 내일 일거리를 제치고 온 하루를 잡아야 하오."

영귀는 전 재산으로 아직 63원이나 남아 있었다. 하루 품삯이 1원 남짓인데, 그 몇 배를 들이더라도 진주까지는 가야 했다. 그 먼 길을 걸어서 가다가는 얼마나 걸릴지 모르거니와 누구 하나 죽을지도 모른다. 그리고 순녀는 홀몸이 아닐 수도 있지 않은가?

정미소 주인에게 통사정을 한 후에야 영귀는 주인의 확답을 받을 수 있었다. 그들은 다음 날 아침 햇살이 퍼지기 전에 상엿집 근처에 있는 삼거리에서 만나자고 약속했다. 피차 뒷말이 나올 수 없게 영귀는 주인에게 미리 돈을 내주었다.

상엿집에 혼자 남은 순녀는 두려운 마음에 종일을 버티다가, 저녁이 되어서야 동네로 들어가 밥을 얻어먹었다. 늦은 밤, 트럭을 마련했다는 영귀의 말을 들은 순녀는 기쁨인지 서러움인지 모를 눈물을 흘렸다. 통제와 속박에서 벗어나기는 했으나 또 다른 도전과 어려움이 그들을 따라다녔기 때문이다.

다음 날, 득량만 앞바다에 따스한 햇볕이 내리쬐고 있을 때 약속된 트럭이 도착했다. 순녀는 운전석 옆에, 영귀는 트럭 짐칸에 쭈그리고 앉았다. 그렇게 그들은 경상도 기차역을 찾아 운명의 길을 떠났다. 차가 순천 근처에 왔을 때, 주인은 길가에 차를 세우고 미리 준비해 둔 도시락을 그들에게 내밀었다. 아직도 한나절은 더 가야 하니 미리 배를 채워 두라는 말이었다. 트럭 주인의 배려에 그들은 눈시울을 붉혔다.

방앗간 트럭이 진주 강남동에 닿았을 때는 해도 지친 듯 기울어지고 있었다. 역 주변에는 인가가 밀집되어 있지 않아, 일찌감치 잠자리를 확보해 두고 배를 채우러 나섰다. 그리고 기차를 언제 어떻게 타야 하는지 물어 확인했다. 그들은 다음 날 저녁 기차에 몰래 몸을 실었다. 새벽에 삼랑진역에서 기차를 갈아타기도 하고, 검표원에게 발각되어 강제 하차를 당하기도 한 끝에, 사흘 만에 대구역에 도착했다. 그들은 대구역에서 가까운 신천 다리 밑에서 잠시 숨을 돌린 후에 오매불망했던 애락원으로 향했다. 천신만고 끝에 그들은 무사히 애락원에 도착했다.

애락원에 입원한 지 한 달쯤 되었을 때였다. 순녀는 자신의 몸이 평소와는 다르다는 느낌을 받았다. 소록도에서 여기까지 오느라 너무 고생을 많이 해서 그렇겠거니 생각했다. 하지만 곰곰이 생각해 보니 두 달 넘도록 월경을 하지 않은 것이 아닌가. 순녀는 저녁에 영귀를 만나서 자초지종을 설명했다. 영귀는 순녀의 말에 반색하며 그녀를 껴안았다. 그리고 소록도가 아닌 이곳 애락원에 그들 부부가 있다는 사실을 상기하며 안도의 한숨을 내쉬었다. 그들은 더 이상 낙태 수술과 정관 수술의 위협을 받을 필요가 없었던 것이다.

며칠 후 순녀는 간호사를 찾아가 몸의 이상 징후를 알렸다. 간단한 검사를 실시한 간호사는 임신한 지도 상당 기간 된 것 같다고, 그래서 원장님께 보고해야겠다고 말했다. 이에 순녀는 정기 검사일에 플레처 원장에게서 진찰을 받을 수 있었다. 원장은 순녀가 임신 5개월째에 접어들었고 쌍둥이를 임신한 것 같다고 알려 주었다. 그리고 간호사들에게는 순녀가 특별 간호를 받을 수 있도록 조처를 취하라고 지시했다.

애락원에서 쌍둥이가 태어난 적이 없었기 때문에 플레처 원장은 각별히 신경을 썼다. 플레처는 환자의 자녀들인 미감아들의 후생을 위해 3년 전에 자신의 사재를 들여 미감아 생활관을 별도로 건축했었다. 뿐만 아니라 미감아들의 감염 여부를 정기적으로 진찰했으며, 임산부들의 건강 관리도 특별히 주문했다. 이러한 원장의 배려로 인해 순녀는 남아 쌍둥이를 무사히 출산할 수 있었다. 대구 애락원에서 태어났기에, 그들의 이름을 쌍대(雙大)와 쌍구(雙邱)라고 지었다.

이 글을 다 읽고 난 후 제인은 그간 한센인들이 받았던 핍박과 고통에 깊은 연민을 느낄 수 있었다. 그리고 온갖 모욕과 고통 속에서도 삶의 의지를 불태웠던 두 부부의 삶에 도전을 받기도 했다. 그들이 무사히 애락원에 와서 플레처 할아버지에게 치료를 받게 된 것은 오로지 하나님의 은혜라고 생각했다. 이어 제인은 그들의 감동적인 자취를 더듬어 보고 싶다는 생각이 들었고, 그래서 소록도를 한번 방문해야겠다고 다짐했다. 하지만 소록도는 대중교통을 이용해서 가기에는 어려움이 많아 누군가의 도움이 필요했다. 구로키 교수가 언뜻 생각났지만 그에게는 더 이상의 부담을 주고 싶지 않았다. 제인은 문득 청라언덕의 박물관장인 한 관장이 생각났고, 관장에게 한번 물어봐야겠다고 생각했다.

"안녕하세요, 관장님. 제인입니다."

"이게 누구야, 제인. 그동안 잘 지냈나?"

"네, 잘 지내고 있습니다. 대학원 강의는 모두 마쳤고요. 조만간 미국에 다녀올 계획입니다."

"그래, 그간 한국에서 많은 걸 배우고 경험했을 텐데, 잠시 고향에 다녀오는 것도 필요하겠지."

"네, 관장님. 짧은 시간 동안 정말 많은 것들을 보고 느꼈어요. 할아버지가 품고 계셨던 주님의 마음도 새삼 깨닫게 되었고요. 특별히 한일 관계에 대해서도 새로운 시각으로 바라보게 되었답니다. 한국인의 한과 아픔을 깊이 공감할 수 있었고, 또 사랑과 용서의 태도로 일본인들을 대해야 한다는 점도 깨달았습니다."

"음, 사실 저번에 제인이 쓴 칼럼을 읽어 봤는데, 나 역시 제인에게서 배울 것이 많더군. 한국에서의 시간들이 제인에게는 참으로 의미 있는 시간이 아닌가 싶네."

"네, 관장님. 주님의 인도하심과 섭리가 있는 것 같아 감사해요."

이런 대화를 주고받다가 제인은 마음속 이야기를 꺼냈다.

"참, 관장님. 최근에 저의 종조부께서 플레처 할아버지에 관한 책을 쓰셨어요. 거기에 한센인들의 삶이 자세히 기록되어 있더라고요. 특별히 소록도에서 탈출해서 애락원에 온 부부의 이야기를 읽고 깊은 감명을 받았습니다. 그 글을 통해 한센인들을 더 깊이 공감하게 되었고요. 그래서 특별히 소록도를 방문해서 그 실상을 직접 경험해 보고 싶은데, 혹시 그 여정에 도움을 주실 수 있는 분이 계실까요?"

"아, 그렇다면 내가 도와줘도 괜찮을까? 민지 학생도 함께 갈 수 있으면 더 좋을 거 같고. 지난번에 박물관에 방문했을 때 못다 한 얘기들이 많아서 시간을 다시 마련하면 어떨까 생각해 오고 있었거든."

"아, 그러셔도 되겠어요? 정말 감사합니다. 그럼 다시 전화 드리겠습니다."

제인은 한 관장의 배려에 참로로 감사했다. 그리고 관장을 다시 만나 배움의 시간을 가질 것을 생각하니 기대감이 올라왔다. 민지에게 이 사실을 알렸더니 자기도 꼭 함께하겠다고 기쁘게 답했다.

그 주 토요일, 제인과 민지가 한 관장을 만나기로 한 날이다. 둘은 가벼운 기대감으로 한 관장의 차에 올랐다. 서로의 일상에 대해 묻고 들으며, 그들은 화기애애한 분위기 가운데 소록도로 향했다.

차는 구마 고속도로를 넘어 남해 고속도로로 접어들었다. 오늘 여정은 그리 간단하지 않았다. 전라남도 남단의 고흥반도를 종단해야 했으므로 3시간 이상 소요될 것 같았다. 그래서 섬진강 휴게소에서 간단히 점심을 먹기로 했다.

예정대로 12시가 훨씬 지나서 케이블 선이 한 줄인 소록대교가 나타났다.

"들은 대로 소록대교가 시원하게 벋어 있군. 예전에는 고흥 녹동항에서 배를 타고 갔었는데 불과 5년 사이에 이렇게 달라졌네."

섬의 모양이 어린 사슴과 비슷하다고 하여 소록도(小鹿島)라고 불린다. 고흥반도 남쪽 끝의 녹동으로부터 약 500미터 거리에 있고, 4.42제곱 킬로미터의 면적에 해안선 길이가 14킬로미터에 달한다. 예전에는 한센병 환자와 병원 직원들만 살았으나, 아름다운 경관이 알려지면서 일반인들도 많이 찾게 되었다.

소록도 입구의 안내판에는 다음과 같은 내용이 적혀 있었다.

"국립 소록도병원은 1910년경 외국 선교사들이 '시립 나요양원'에 나병환자들을 수용하면서 시작되었다. 유적으로는 한국 전쟁 때 이곳을 지키다 순직한 사람들의 영혼을 기리는 순록탑, 육영수 여사의 공덕비, 한하운 시인의 시비 등이 있다. 울창한 산림과 바다가 어우러져 아름다운 경치를 이루고 있으며, 동쪽 해안에는 작지만 하얀 모래사장으로 된 해수욕장이 있다."

제인은 안내소 앞에서 선화를 길었다. 며칠 전 방문 계획을 세울 때 통화했었던 백미영 학예사였다. 제인 일행은 백 학예사의 안내로 박물관 시설들을 둘러보았다. 2층 전시실 벽면에는 한센병 퇴치에 큰 공로를 세운 몇 분의 사진이 걸려 있었는데, 제인은 그 사진을 보다가 환한 미소를 지었다.

"민지야, 우리 할아버지 사진이 여기에도 있어!"

"정말이네? 할아버지께서 여기까지 오셔서 치료하셨나 보다."

둘의 대화에 한 관장이 덧붙였다.

"당시에 의료 선교사는 몇 분 되지 않았어. 의료 선교사들은 서로를 지원했기 때문에, 아마 플레처 원장님도 소록도 의료 문제에 영향을 끼쳤을 거야. 나병 치료의 1인자이셨으니까."

이 말을 하고 있을 때 소록도병원 원장인 박형철 교수가 모습을 드러냈다. 박 원장과 한 관장은 서로 잘 아는 사이인 듯싶었다. 한 관장은 제인과 민지를 박 원장에게 소개했다. 특별히 제인이 대구 애락원을 설립한 플레처 박사의 손녀이며, 한국에서 공부하고 있는 중이라는 말을 덧붙였다.

박 원장은 환영의 뜻을 전한 후에 소록도병원을 소개하기 시작했다.

"2016년 5월에 국립 소록도병원은 개원한 지 100주년을 맞았습니다. 대구의 애락원보다는 3년쯤 뒤에 설립되었지요. 소록도는 1910년대 초부터 서양 선교사들에 의해 격리 치료와 관리가 이루어지고 있었는데, 일본은 이 같은 서양의 의료 선교가 식민지 지배에 나쁜 영향을 줄 수 있다고 여겼지요. 그들은 거리에서 배회하는 전국의 환자를 모아 요양소를 만들었습니다. 환자들의 일상생활을 통제하고 노동력을 착취했으며, 폭행과 감금을 통해 처벌하기도 했습니다.

그 당시 환자들의 인권은 보호받지 못했습니다. 한센병은 전염될 위험성이 낮은데도 사회로부터 격리를 당했고, 사회적 편견과 차별을 마주해야 했습니다. 병원 내에서도 환자들의 인권은 무시될 때가 많았습니다. 남자 환자가 결혼하게 되면 단종 수술을 받아야 했으며, 임신한 환자들 역시 낙태 수술을 받기도 했지요.

그러나 오늘날 소록도는 아픔의 땅에서 치유의 땅으로 거듭나고 있습니다. 지난 100년의 고통 어린 세월을 기념하기 위해 한센병 박물관이 건립되기도 했습니다. 이 박물관은 소록도 사람들의 삶의 흔적을 그리고 있으며, 한센병을 극복하기 위한 노력을 담고 있습니다. 이곳은 한센인들의 인권에 대해 주의를 환기시키는 교육의 장이 될 것입니다."

박 원장의 설명은 다음과 같이 계속 이어졌다.

"전라남도청은 한센병과 관련한 기록물의 중요성을 인정해, 소록도를 유네스코 세계문화유산으로 등재하려는 노력을 펼치고 있습니다. 고흥군은 40여 년 동안 한센인을 돌본 오스트리아 출신 마리안느와 마가렛 두 수녀를 노벨 평화상 후보로 추천하고 있으며, 두 수녀의 활동을 담은 다큐멘터리를 제작하기도 했습니다."

현재 소록도에는 500여 명의 한센인들이 거주하고 있는데, 평균 연령은 78세라고 한다. 입원 환자가 가장 많았던 1947년에는 환자 수가 6,254명이었는데, 1985년에는 2,089명, 2000년에는 835명으로 줄었으며, 최근 10년 동안에는 입원 환자가 단 한 명도 없다고 한다. 이것은 한센병에 대한 치료 기술이 발전했다는 것과 한국의 생활 수준이 그만큼 향상되었다는 사실을 방증하고 있었다.

　박 병원장은, 오늘 멀리서 귀한 걸음 오셨으니까 향후 애락원의 바람직한 변화를 기대하는 많은 사람들의 의견을 전한다고 하면서 다음 말을 이었다.

　"대한민국 한센병 역사에서 애락원과 애락보건병원은 복음 정신이 깃든 유서 깊은 동산입니다. 그 애락원의 향후 합리적 처리는 구료사업에 종사하는 이들은 물론 전 국민의 깊은 관심사이기도 합니다.

　애락원의 설립 정관 제1조에 보면, 〈본 법인은 나병 환자의 영육을 구원하기 위하여 그들에게 복음전도 구료사업을 영위하며, 이에 필요한 자산의 소유 관리 공급함을 목적으로 한다〉라고 되어 있습니다.

　그러나 정관 1조가 불변조항임에도, 이 시설이 본래 목적을 다하여 역사적 문을 닫을 때는 플레처, 존슨 등 선교사들의 설립 정신인 거룩한 기독교 정신의 숭고한 뜻이 훼손되지 않고 보존되기를 간곡히 바랍니다."

　제인은 플레처 할아버지의 숭고한 뜻을 기릴 수 있도록 해야 한다고 전하는 원장의 말에 또 한 번 가슴이 찡하게 울렸다.

작은 사슴 섬

코발트 빛 하늘, 하얀 모래톱을 쉴 새 없이 간질이는 파란 바닷물, 저 순진무구한 자연의 그림과는 너무 다른 섬. 단장된 공원 한가운데에 있는 구라탑을 살짝 지나면 단종대, 감금실, 검시실 등 섬뜩한 이미지를 떠올리는 역사의 흔적이 있다. 이들을 뒤적여 살피면서 한 관장은 착잡한 마음으로 시계를 보았다. 돌아가려면 꽤 시간이 걸리겠다고 갈 길을 걱정하자, 병원장은 잠시 차라도 드시고 출발하라고 강권했다. 마침 자리에는 이 섬마을에서 일찍부터 살고 있는 작가 강 선생도 함께했다.

일행이 자리를 잡고 앉자 학예사가 서둘러 차를 내왔다. 이에 한 관장이 숙연한 자세로 대표 기도를 했다.

"우리의 생사화복을 주관하시는 하나님, 오늘 이 작은 사슴 섬, 일찍이 주님의 사랑과 은혜가 더욱 필요했던 형제들이 모여 사는 이곳에 와서, 지난 세월에 담긴 역사의 흔적을 보고 느끼고 배울 수 있게 허락해 주셔서 감사합니다. 특별히 이곳 형제들의 영육을 치유하는 일에 헌신하는 박 원장님과 백 학예사를 주님께 올려 드립니다. 많은 환우들이 이들의 섬김을 통해 주님의 사랑을 알고 구원받을 수 있도록 이들을 사용하여 주옵소서. 또한 이곳에 있는 모든 환자와 믿음의 형제들 모두에게 큰 축복을 허락해 주옵소서. 예수 그리스도의 이름으로 기도합니다. 아멘."

일행이 바깥으로 나왔을 때는 청량한 해변 바람이 살랑였다. 박 원장의 배웅을 뒤로하고 자동차는 소록도를 떠났다.

"관장님, 오늘 많이 배우고 느끼고 가네요. 병원장님도 함께해 주셔서 소록도를 더 깊이 이해할 수 있었고요. 누가 그러던데 소록도가 지옥에서 천국으로 변했다고 하더라고요."

"응, 박 원장님은 의사로서는 드물게 보건 복지 행정 전문가이신데, 소록도병원이 발전하고 병원 이미지가 개선되는 데 큰 기여를 하셨지. 이런 분들의 보이지 않는 헌신 때문에 소록도가 오늘날처럼 변화될 수 있었던 거야."

자동차는 어느덧 남해 고속도로를 뒤로하고 구마 고속도로에 들어섰다. 늦여름 나절도 이제 막 지나기 시작했다. 칠원 휴게소를 잠시 들른 일행은 이야기꽃을 피워 나갔다.

"그런데 민지야, 너 지난번에 나랑 교회 한번 가기로 한 거 잊지 않았지? 혹시 부모님께는 말씀드려 봤어?"

"응. 우리가 다니는 학교가 기독교 계열이라는 것도 알고 계시고, 또 제인 너에 대해서도 좋게 말씀드렸더니, 잘 생각해서 하라고 하시네?"

"와, 너무 좋다. 그나저나 구로키 교수님도 시간 되면 교회 오기로 하셨거든. 어쩌면 우리 셋이 청라언덕 여호와 이레 골목을 누비는 일이 일어날지도 모르겠다."

"아, 정말 감사한 일이네. 한 생명과 영혼을 구하는 일은 너무 중차대한 일인데, 제인 양이 한국에서 참 귀한 일을 하고 있네."

묵묵히 듣고 있던 한 관장의 말이었다.

"관장님, 사실 제가 이 친구하고 일본학과 구로키 교수님에게 복음을 전하려고 애썼거든요. 사실 저는 미국에서 제대로 전도해 본 일이 없는데, 한국에 와서 제가 달라지기는 했나 봐요."

"제인 양이 할아버지의 뒤를 좇고자 하는 선한 마음 때문이겠지. 하나님께서도 제인 양에게 동일한 은혜를 부어 주시는 것 같은데?"

관장과 대화하면서 제인은 자신을 향한 하나님의 은혜와 부르심을 새삼 느낄 수 있었다.

소록도를 다녀온 지 며칠 후 제인은 구로키 교수에게 전화를 걸었다. 이번 주일에 민지가 교회를 가기로 했는데, 교수님도 괜찮으시면 같이 갈 수 있느냐고 물었다. 그런데 교수에게서 뜻밖의 대답이 돌아왔다. 자신도 그러고 싶은데 문제가 생겼다는 것이다. 무슨 문제냐고 물었더니, 전화로 말할 일은 아니고 시간 되면 만나서 얘기하자고 했다. 제인과도 간접적으로 관계될 수 있는 일이라고 했다. 제인은 이 말에 궁금증이 올라왔다. 구로키 교수와의 관계가 부드러워지기 시작했는데, 또 무슨 문제라도 생긴 것일까?

다음 날 오후, 일과가 끝날 시간에 구로키 교수는 제인을 만나 이야기를 꺼냈다. 며칠 전 주한 일본 대사관에서 자신에게 전화가 왔었다는 것이다. 이달 중순에 야마노 노부히사라는 일본 학자가 한국에서 강연을 하는데, 자신에게 통역을 부탁해 왔다는 것이다. 서울에도 통역할 사람들이 있지만, 최근 들어 한일 관계의 민감한 주제에 대해서는 통역을 피한다는 것이다. 강의 내용이 대략 무엇에 관한 것인지 제인이 물었더니, 교수는 독도와 일본군 위안부 문제에 대한 것이라고 했다. 한일 관계가 좋지 않은 이 시점에서, 그런 강의가 혹여나 갈등을 심화하지는 않을까 하고 구로키는 염려했다.

사실 몇 년 전에도 이와 유사한 행사로 인해 불상사가 일어난 적이 있었다. 2010년 7월에 당시 주한 일본 대사였던 시게이에 토시노리가 서울 프레스센터에서 강연을 했는데, 독도 관련 단체 회원이 콘크리트 덩어리를 던지는 일이 있었다. 이 사건으로 통역을 담당하던 대사관 직원이 손에 부상을 입었다. 2012년 1월에는 자신의 친조모가 한국인 일본군 위안부 피해자라고 주장하는 한 중국인이 대사관에 화염병을 투척하기도 했다. 같은 해 7월에는 일본 극우 세력이 소녀상에 말뚝 테러를 감행한 것에 항의하려는 목적으로, 한 시민이 트럭을 이끌고 대사관에 돌진하다가 체포되는 일이 있었다. 뿐만 아니라 매주 수요일마다 대사관 앞에서 항의 집회도 열리고 있다. 이러한 갈등의 상황을 촉발하는 일은 하지 않는 것이 좋겠다는 말이었다.

제인도 한일 관계가 악화되는 일은 있어서는 안 된다고 생각했다. 게다가 자신의 지인인 구로키 교수가 이 일에 연루되어서는 더더욱 안 될 일이었다. 그런데 제인 자신이 이 일에 관계되었다는 어제 교수의 말이 떠올랐다.

"그런데 교수님, 이 문제와 제가 무슨 상관이 있는지요?"

"어, 그건 말이야. 지난번에 제인이 LA 타임스 코리아에 칼럼을 썼기 때문이야. 물론 일본을 용서하자는 취지의 글이었지만, 주한 일본 대사관과 부산 영사관에서 그 글에 심기가 불편했나 봐. 한국에 있는 일본 기업에서도 불평들이 나왔고. 미국 신문사이고 쓴 사람이 미국인이라 더 손을 쓸 수는 없었지만 말이야."

"그런데 그때 그 일이 이번 일과 무슨 관계라도 있나요?"

"그 이후부터가 문제야. 이 칼럼을 쓴 사람이 자신이 속한 한국 대학의 일본인 교수와 정보를 공유하고 있다는 사실이 알려진 거지."

"……"

"구로키라는 교수가 한국의 편을 들고 있고, 그래서 통역에도 비협조적이라는 거지."

"너무 사실을 왜곡하고 있는 것 같은데요?"

"일본 입장으로서는 그렇게 생각할 만한 것 같아. 그런데 그게 끝이 아니라, 학교 인사 문제에도 압력이 들어올 수도 있어."

"네? 그럼 교수님이 면직될 수도 있다는 뜻인가요? 그건 너무 부당하잖아요……. 저 때문에 교수님에게 좋지 않은 일이 생기면 어쩌지요?"

"괜찮아, 당장 어떻게 되는 것도 아니고. 두고 보자고, 내게도 생각이 있으니까."

작은 사슴 섬 / 199

제인은 무거운 마음으로 구로키와 헤어졌다. 자신이 쓴 칼럼이 일본인들에게 자극을 줄 수도 있다는 걸 짐작했지만, 지금 일어나고 있는 일은 제인이 원하는 바가 아니었다. 게다가 피해를 볼 수 있는 사람이 내가 아니라 구로키 교수라는 말인가? 교수는 나에게서도, 때로는 한국 학생들에게서도 적대적인 반응을 받아 왔는데, 정작 일본에서도 그런 대접을 받아야 한다는 말인가? 그리고 이 모든 일을 촉발한 사람이 바로 나란 말인가?

이런 생각에 매몰되기 시작하자 제인은 매우 침울해졌다. 그리고 구로키 교수에 대한 연민이 다시금 일어나기 시작했다. 그는 나에게 어떤 사람일까? 그리고 앞으로 교수와의 관계는 어떤 식으로 진전될까? 그를 주님께로 인도하고 싶은데, 이 일이 방해가 되지는 않을까?

제인은 이러한 혼란스러운 마음을 안고 LA를 향한 비행기에 올랐다.

오랜만에 부모님을 보자 제인의 마음에는 기쁨과 평안이 몰려왔다. 할아버지의 행적을 살피면서 새롭게 알게 된 모습들, 또 그런 모습을 보면서 자신이 배우고 도전받은 점들을 나눴다. 또 한국에서 공부하는 것과 LA 타임스 코리아에서 일하는 것에 대해서도 소소하게 나눴다. 한국에서 만나 알게 된 사람들에 대한 이야기도 빼놓지 않았다. 이 이야기에 이르자 제인의 어머니가 조심스레 물었다.

"얘, 구로키라는 교수는 어떤 사람이니?"

"한국에서 생활한 지는 4년 정도 되었다고 해요. 혼자서 살고 있고, 결혼은 하지 않았고요."

"나이는 어떻게 되는데?"

"저보다 일고여덟 살 정도 많을 거예요. 그런데 어머니는 이상하게 왜 그런 걸 물어 보세요?"

"아니, 구로키 교수 이야기만 나오면 네 목소리가 활기를 띠는 것 같아서 그랬다."

"참, 어머니도⋯⋯. 아시다시피 처음에 제가 그분을 싫어했잖아요. 일본 제국주의자 같은 느낌도 풍겨서요. 그나마 최근에는 그분의 진의와 개인사를 알게 되어서 그런 긴장감은 많이 사라졌어요. 솔직히 알아갈수록 좋은 분이라는 생각은 들어요. 저에게도 개인적으로 잘 대해 주시고요. 그분이 아직 복음을 접하지 못한 게 안타까운데, 그래서 그분을 위해서 기도하고 있어요."

광포한 더위가 맹위를 휘두르는 계절의 뒷자락, LA 거리에 있는 가로수의 이파리에 촉촉한 단비가 오랜만에 내리고 있었다. 한국에서는 가을을 남자의 계절이라 부른다고 들었다. 화사하고 나긋한 봄은 여자에게 양보하고 쓸쓸한 고독을 닮은 가을은 남자의 넓은 가슴으로 받아들이라고 그랬는지 모를 일이다. 이 고독한 가을이 구로키 교수와 나름 어울리는 것 같다는 생각이 스쳤다. 제인은 지난 한국에서의 세월이 자신에게 미친 영향을 찬찬히 되짚어 보게 되었다. 비록 몸은 좀 불편했지만 영혼만큼은 풍요로웠다. 그리고 시간이 조금씩 지날수록, 자신을 향한 하나님의 섭리와 계획도 조금씩 깨닫는 것 같았다. 제인은 어서 한국에 돌아가고 싶다는 마음이 올라왔다. 자신을 향한 그리고 자신을 통해 이루실 하나님의 계획을 더 깊이 알고 싶었기 때문이다. 그리고 단짝 친구 민지와, 최근에 마음이 더욱 쓰였던 구로키 교수도 어서 보고 싶어졌다.

일본인의 눈물

가을 들어 LA 타임스 코리아에 처음으로 출근하는 날이다. 편집국장이 오랜만에 본다면서 티켓 두 장을 제인에게 내밀었다. 주한 일본 대사관 공보문화원에서 보낸 뜻밖의 문화 초대권이었다.

"대사관에서 전략을 조금 바꾸는 것 같아. 저 사람들은 강온 전략에 능하거든. 며칠 전에 서기관이 우리 신문사에 직접 왔었어. 제인을 조금 아는 것 같더라고."

"네? 일본 문화원 초대권이라고요? 전혀 예상하지 못했네요. 다른 직원 분들께 드리시지요. 저는 괜찮은데요."

"아니야, 특별히 제인에게 전해 달라고 언급까지 했어. 다른 직원들 것도 몇 장 더 줬고."

"네, 알겠습니다. 고맙습니다."

제인은 일본 대사관에서 자신에게 초대권을 보냈다는 사실에 가벼운 충격을 받았다. 자신에 대해 계속해서 날을 세우고 주시할 거라고 예상했는데 말이다. 그렇다면 구로키 교수에 대해서도 더 이상 문제 제기를 하지 않겠다는 말인가? 의아한 마음 한편에 안도의 마음도 올라왔다.

제인은 초대권을 민지에게 내밀면서, 시간이 되면 같이 가자고 했다. 초대권을 한참 들여다본 민지는 자기에게 선약이 있어 멀리 서울까지 가는 건 무리일 듯싶다고 말했다.

"그런데 말이야. 너 구로키 교수님과 같이 가면 어떻겠니? 교수님과 대사관 사이에 있는 불편한 기류가 어쩌면 해소될 수 있을지 모르잖아? 또 너 혼자 가는 것보다 동행이 있으면 심심하지도 않을 거고."

민지의 말에 제인은 용기를 내서 구로키 교수의 연구실을 찾아갔다. 미국에서 돌아온 이후에 교수를 만나는 건 처음이었다. 그간 서로 어떻게 지냈는지 궁금한 점이 많았지만, 그들은 가볍게 인사만 나누었다. 그리고 제인은 초대권 이야기를 꺼냈다.

"영화 「철도원」 관람권이라……. 꽤 오래전에 개봉한 영화지. 나는 대학 다닐 즈음에 보기는 했어. 당시 일본에서 꽤 인기가 높았던 영화지. 상도 많이 받았고."

"아, 그러셨어요? 너무 아쉽네요. 대사관에서 뜻밖에 받은 초대권이라, 교수님이 같이 가 주시면 좋겠다는 마음이 들더라고요."

"그럼 이번에는 내가 제인의 부탁을 들어줄까? 지난번에 안동에 같이 가도록 배려해 준 빚도 갚을 겸 해서."

"아, 감사합니다."

서울 종로구 율곡로 6번지. 제인과 구로키는 일찌감치 대구를 떠나 영화 상영 한 시간 전에 일본 공보문화원 앞에 도착했다. 1층은 일본의 잡지와 도서 등을 진열한 자료 열람실이었고, 2층은 다양한 분야의 일본 관련 전시회를 여는 실크갤러리였다. 그들은 3층 뉴센터리홀 관람석에 나란히 앉았다. 토요일이라 100석 가까운 좌석이 대부분 차 있었다.

영화 「철도원」은 아사다 지로가 쓴 동명 소설 『철도원』을 각색한 영화다. 영화는 일본 홋카이도의 설원을 배경으로 전개되는데, 호로마이라는 시골에 있는 철도 종착역에서 근무하는 역무원의 이야기를 다루고 있다.

시골과 도시를 이어 주는 호로마이 선의 종착역 호로마이는 탄광업으로 인해 인구가 5천에 이를 정도로 번창했지만, 지금은 노인들만 남아 있는 시골 중의 시골이다. 그곳의 역장 사토 오토마츠는 쇼와 시절부터 지금까지 한평생 철도를 위해 헌신해 왔지만, 곧 정년퇴직을 앞두고 있다. 그는 증기 기관차의 기관사 시절부터 철도에서만 일해 왔다. 증기 기관차에서 나오는 일산화탄소 가스를 마시는 바람에 죽을 뻔하기도 했다. 그의 아내 시즈에가 딸 유키코를 낳았지만, 유키코는 태어난 지 얼마 안 되어 병으로 죽는다. 교대자도 없는 시골 역에서 근무했기에 유키코를 손수 병원에 데려가지도 못했고, 아내 시즈에가 차갑게 식은 딸 유키코를 안고 오는 것을 그저 바라보아야 했다. 그는 아내가 지병으로 죽어 가는 시간에도 플랫폼에서 열차를 맞이하고 있었다. 가족보다 일을 우선시해야만 했던 그다.

어느 날 오토마츠는 역을 돌아보다가 분실물을 발견하는데, 어디서 본 적이 있던 일본 인형이었다. 오토마츠는 그 인형이 자신이 유키코에게 선물로 사다 준 인형과 같은 인형임을 떠올린다. 그는 친구가 찾아온 날 저녁에 초등학생쯤 되는 소녀를 역에서 만나게 되는데, 소녀는 자신이 인형을 두고 간 아이의 언니라고 말한다. 하지만 소녀는 깜박 잊었는지 또 인형을 두고 사라진다. 그런데 다음 날 저녁, 고등학생 정도 되는 소녀가 역을 찾아와 어제 찾아온 아이의 맏언니라고 하면서, 분실물인 인형을 찾아가려고 한다. 소녀는 오토마츠가 막차를 보내러 간 사이에 역 사무실에 딸린 간이 주방에서 저녁을 준비한다. 오토마츠는 오랜만에 받아 보는 따뜻한 저녁상에 안락함을 느낀다. 식사를 하던 중, 소녀의 할아버지라고 하는 분이 역으로 전화를 걸었고, 오토마츠는 소녀가 역에 있다는 사실을 이야기한다. 그런데 그의 이야기를 들은 오토마츠는 이 소녀들이 자신의 죽은 딸이라는 사실을 알고 깜짝 놀란다. 이 소녀뿐만 아니라 전에 왔다 간 소녀도 다 유키코 본인이었던 것이다. 유키코가 가져온 인형도 예전에 그 아이가 죽었을 때 관에 넣어 준 인형과 동일한 인형이었다. 지금까지 아버지에게 좋은 일이 없었으니, 지난 17년 동안 성장했을 자신의 모습을 보여주어서 가족의 따스함을 느낄 수 있도록 하려 했다는 것이다.

"유키코, 왜 거짓말을 했니?"

"아버지가 무서워하실까 봐 그랬어요."

유키코의 말에 오토마츠는 설령 귀신이라도 자기 자식을 무서워하는 부모는 없다며 그녀를 받아들인다. 아버지와 이야기를 나눈 후 유키코는 아버지를 이해할 수 있었고, 아버지가 정말 자랑스럽다고 말한 후에 인형을 가지고 사라진다. 유키코가 떠난 후 오토마츠는 평소처럼 역무일지에 "이상 없음"을 기입하며 하루를 끝마친다. 다음 날, 여느 때처럼 첫차가 오기 전에 제설차가 눈 덮인 선로를 쓸면서 오고 있는데, 오토마츠는 제설차를 기다리던 중 플랫폼에 쓰러져 죽고 만다. 호로마이 선 폐선을 며칠 앞두고 그는 자신의 소원대로 철도원으로서 죽음을 맞이한 것이다.

두 시간 가까이 상영된 영화가 끝나자 사람들이 우르르 빠져나갔다. 하지만 제인과 구로키는 그 자리에 그대로 앉아 있었다. 구로키는 제인을 넌지시 바라보며 말을 건넸다.

"영화 어땠어?"

"일본 영화는 처음이에요. 한국어 자막을 따라 읽느라고 힘들었지만, 관객에게 전하려는 의미는 잘 이해한 것 같아요. 아주 감동적인 작품이네요."

"다행이네. 우리나라 영화를 보고 혹시라도 실망할까 봐 걱정했는데."

"역시 교수님은 애국자세요. 자기 나라 영화도 좋게 보였으면 하시고요."

"아, 내가 그렇게 비춰졌던가?"

"네, 조금은요. 그런데 교수님, 저는 오늘 이 영화가 일본 열도를 들썩이게 했다는 사실에서 새로운 충격을 받았어요."

"새로운 충격이라니? 어떤 충격을 받았는지 자못 궁금해지는걸?"

"이 영화의 주제는 사랑이라고 생각해요. 철도원의 일생을 죽은 딸아

이의 이야기와 결합해 뭉클한 판타지로 승화시켰는데, 이 영화가 일본에서 엄청난 관객을 동원할 수 있었던 비결은 바로 일본인의 가슴을 먹먹하게 하는 가족애인 것 같아요. 겉으로 드러나지 않은 채 내면으로 흐르는 애련한 가족 사랑 말이에요. 바로 이러한 사랑이 일본에도 피가 뜨거운 사람이 많다는 점을 증명하고 있어요."

피가 뜨거운 사람이 많다는 것은 복음을 받아들일 수 있는 조건이 다른 민족에 비해 결코 부족하지 않다는 말이다. 그런데 왜 일본에서는 복음화가 이루어지지 않은 것일까? 제인은 이런 말로 안타까움을 표현했다.

"와, 영화 평론가 수준의 논평인데."

제인의 말에 구로키는 진지한 표정을 지으며 말했다.

"아, 우리만 남았군요. 제가 교수님 앞에서 너무 열을 올린 건 아닌지 모르겠어요."

"아니야, 보통 사람과는 달리 복음의 관점에서 영화를 논평한 것 같아 새롭고 신선했어."

이제껏 제인은 역사적인 사건을 통해 일본인에게서 잔혹함과 비인간적인 면모를 주로 발견했었다. 하지만 이 영화를 통해 복음 전도의 가능성을 새롭게 발견할 수 있었다. 제인은 할 수만 있다면 일본인에게서 하나님을 찾을 수 있는 가능성과 힘을 새롭게 끌어내고 싶었다.

그들은 자동차를 공보문화관에 그대로 둔 채 일본 대사관으로 향했다. 무슨 이유 때문인지 구로키가 제인더러 한번 들러 보자고 했던 것이다.

 대사관의 서기관은 마치 구로키의 방문을 예상이라도 한 것처럼 반색하며 맞았다. 두 사람은 대학 선후배로 이미 잘 알고 있는 사이였다. 구로키가 제인을 소개하자 서기관은 잠시 흠칫했으나, 칼럼 이야기는 꺼내지 않았다. 아마도 칼럼에 대해 면전에서 얘기를 꺼내는 것이 적절하지 못하다고 판단한 듯했다. 짧은 대화를 마치고 구로키와 제인은 대사관을 나섰다. 복도까지 배웅하러 나온 서기관은 야마노 노부히사의 강의는 취소되었다고, 다음 행사 때는 잘 부탁한다고 말했다.

 대사관을 나왔을 때는 막 5시를 넘기고 있었다.

 구로키는 이왕 서울에 왔으니 서울 타워에 가 보면 어떻겠냐고 제인에게 제안했다. 그는 예전에 제인과 함께 대구 타워에서 보낸 시간을 떠올리고 있었음이 분명했다. 그는 오늘 더 적극적으로 제인의 호감을 사고 싶은 갈망을 느끼는 것 같았다. 서울 타워 전망대에 오르자 구로키가 갑작스럽게 말했다.

 "제인, 오늘 여기서 서로의 소원을 하나씩 들어주기로 약속하면 어때?"

 "아, 좋아요. 그런데 교수님에게 아이 같은 면이 있다는 게 놀랍고 재미있는걸요? 한편으로는 교수님 말이 조금 심각하게 들리기도 하고요."

 "제인이 먼저 소원을 말해 볼까? 거창하지는 않아도 나에게 바라는 것이나 내가 해주었으면 하는 것 말이야."

"음, 제가 교수님께 바라는 것이 있다면, 제가 이곳 한국에 와서 느끼고 경험한 것에 대해서 교수님도 마음을 여시는 거예요. 저는 할아버지를 통해서 어떤 삶이 가장 가치 있고 귀한지를 알게 되었어요. 그건 바로 복음을 믿고 받아들이는 삶이고, 그 복음을 다른 사람들에게 전하는 삶이지요. 저는 이 복음을 주변 사람들뿐만 아니라 복음을 듣지 못한 이들에게도 전해야 한다는 걸 깨달았어요. 마치 할아버지가 잘 알지도 못하는 한국인에게 복음을 전한 것처럼요. 복음을 이미 믿은 사람들은 복음을 듣지 못한 이들에게 전해야 할 사명이 있는 것 같아요. 또한 일본이 복음을 받아들이는 것만이 한국과 일본의 관계가 나아지는 길이라는 생각이 들어요. 그래서 교수님도 저와 할아버지가 믿는 예수님에 대해서 마음을 열어 주셨으면 합니다."

"음, 내가 그 소원을 들어주려면 어떻게 하면 될까?"

"먼저는 저와 민지와 함께 교회에 같이 가 주세요. 같이 예배도 드리고, 혹시 마음이 더 있으시면 새가족반 모임에도 참여하시고요."

"둘 다 그다지 어렵지 않네. 그렇게 할게."

"정말이세요? 너무 감사합니다."

망설임 없는 답변에 환호하는 제인을 보자, 구로키는 자신이 즉흥적으로 말한 것은 아니라고 덧붙였다.

"쉽게 결정하고 대답한 것 같지만, 사실 나는 오랫동안 이 문제에 대해 고민해 왔어. 특별히 제인을 만나고 나서부터는 그 고민이 깊어지기 시작했지. 그동안 이성적으로만 분석하고 판단했던 기독교 신앙 문제가 제인을 만난 후에는 실존적인 문제로 다가왔다고 해야 할까? 나 역시 절대자를 만나고 변화되었으면 하는 마음이 있어. 그래서 내가 할 수 있는 건 다 해보려고."

"아, 교수님, 교수님께서 그렇게 말씀해 주시니, 제 마음이 너무 기쁘고 감사하네요. 앞으로 교수님을 위해서 더 많이 기도하겠습니다."

그들은 겸연쩍고 어색할 수 있는 화제를 소원을 말하는 형식으로 풀고 있었다. 그것은 무거운 이야기를 가볍게 나누려는 구로키의 아이디어인 것 같았다.

"제 소원은 말했으니, 이제는 교수님 차례에요."

"음, 내 소원은 말이야. 제인이 들어주기 힘들지도 몰라. 오직 제인만이 들어줄 수 있는 것이기도 하고."

"한번 말씀해 보세요. 너무 거창한 것만 아니라면 제 힘닿는 데까지 최선을 다할게요. 교수님은 제 소원을 선뜻 들어주셨잖아요. 저도 약속할게요."

"그런데 이런 시끌벅적한 곳에서는 말하기가 좀 곤란한걸? 괜찮다면 내일 다시 만나서 말해도 될까?"

"소원을 아직 정하지 않으셨던 거예요?"

"정하기는 했는데, 좀 더 다듬고 준비해서 말했으면 좋겠네."

"아, 꽤나 어려운 과제가 붙어 나오는 건 아닌가 모르겠네요. 좋아요, 교수님. 내일 다시 만나도록 해요. 구체적인 시간과 장소를 다시 알려주실 거죠?"

그들의 소원 나눔은 기대감과 긴장감을 남기며 그렇게 마무리되었다.

저녁 식사를 가볍게 끝내고 구로키는 서울에 아는 지인을 만나기로 했고, 제인은 삼성로 LA 타임스 신문사 근처 주말에 이용하는 숙소로 가기 위하여 헤어졌다.

이튿날 제인이 신문사 과제를 정리하고 9시 즈음 가까운 일심교회 1부 예배에 참석하고 있을 때, 구로키 교수로부터 메시지가 왔다. 오후 5시 전후 동대구역에 도착하면 전화하라는 문자였다. 약속한 대로 오늘 그의 소원을 들어주기로 한 날이기 때문이었다.

제인은 수서역에서 동대구역으로 향발하는 SRT 2시 0분 열차 승차권을 끊었다. 도착 예정 시간이 4시 05분이니까 약속 시간인 5시까지 알맞게 도착할 듯했다.

열차에서 내린 제인과 마중 나온 구로키는 동대구역 대합실에서 만났다. 헤어진 지 만 하루도 되지 않았지만, 그들은 반가웠다.

제인이 어디로 갈 계획인지 묻자, 구로키는 삼덕동에 있는 카페를 예약해놓았다고 했다. 아무 데나 가서 차나 한잔하면서 어제처럼 이야기하면 되지 무슨 예약까지 하느냐고 의아해하는 제인에게, 구로키는 이건 대단히 중요한 약속인데 증인이 없으니 물적 증거라도 남겨야 한다는 것이었다.

구로키의 승용차는 중구 동덕로에 있는 진석타워즈 앞에 섰다. 구로키가 예약자임을 확인한 안내원이 17층 카페 '더 로즈' 담당 웨이트리스를 호출하여 두 사람을 안내했다.

제인은 예약을 했다고 할 때부터 무언가 예사롭지 않다는 느낌을 받았지만, 20층짜리 타워즈 앞에서 심상찮다고 생각했다. 카페 '더 로즈'는 전국 프러포즈 체인점이 아니던가? 그렇다면 오늘 이 자리는 구로키 교수가 그녀에게 프러포즈를?

엘리베이터는 순식간에 17층 '더 로즈'에 도착했다. 훤히 트인 창밖으로 낯익은 대구 시가지가 펼쳐져 있었다. 탁월한 조망으로 서남북 시가지와 우방타워가 한눈에 들어오고, 실내는 세련된 화려함이 우아한 분위기를 자아내고 있었다.

'두 분 만의 아름다운 추억을 만드는 뜻깊은 시간 되십시오'라는 멘트를 남기고 안내원이 퇴장하자 그제야 제인이 입을 열었다.

"어제 서울 남산타워에서 못다 한 과제를 하려고 결국 대구타워가 보이는 곳까지 오셨군요. 여기서 교수님 과제를 푸시려고요?"

"아무래도 우리는 대구에 연고가 깊으니까 성령 하나님께서 결국 이곳으로 안내하시네."

"이야, 교수님. 벌써 성령님이 임재하시고요."

테이블에는 와인이 담긴 유리잔이 놓여 있고, 제인의 맞은편 스크린에서는 영상편지가 자막과 함께 나오고 있다.

'내가 가장 사랑하는 사람에게 행복하고 소중한 추억을 선물할 수 있는 기회, 와인과 함께 사랑의 대화를 나누세요.'

이어서 은은한 음악이 흘러 나오고 다음과 같은 영문자막이 뜨고 있었다.

Dear Miss Jane E. Fletcher

This is Gurokee Kunihico.

I love you until the end of my life.

Please accept my sincere proposal.

영상이 보이는 자리에서 구로키가 설명을 붙였다.

"이 영상은 내가 해야 할 말을 글로써 증거를 삼기 위한 것이야. 제인, 당신을 사랑해요. 나의 생명이 끝날 때까지. 나의 프러포즈를 받아주세요!"

그는 일어서서 준비된 장미 꽃다발을 두 손으로 내밀었다.

구로키의 예상치 못한 말에 제인은 앉았던 의자에서 벌떡 일어섰다. 금발의 곱슬한 머릿결이 살짝 내린 이마 아래 제인의 푸른 눈이 감동으로 젖어 들었다.

잠깐의 시간 동안 제인에게는 수많은 생각이 스쳐 갔다. 구로키 교수와 나는 선생과 학생의 관계가 아닌가. 그런데 연인 사이로 발전해도 되는 것인가? 그리고 그와 나는 서로 다른 나라 출신인데, 그것이 걸림돌이 되지는 않을까. 게다가 그는 신앙에 이제 막 마음을 열지 않았나. 부모님은 뭐라고 하실까. 어제 서울에서 제인의 소원을 구로키가 단번에 받아들인 것도 그녀를 사랑하는 여인으로 선택하고자 계획된 것으로 짐작이 되었다. 이런 고민이 이어지는 가운데도 생전 처음 받는 프러포즈에 제인의 가슴은 떨리고 있었다. 그녀는 한참을 눈을 깜빡이다가 결심한 듯 또렷한 목소리로 대답했다.

"Thank you very much! I accept your proposal.
 - 감사합니다! 당신의 프러포즈를 받아들이겠습니다."

제인은 구로키의 장미 꽃다발을 성큼 받았다. 그리고 의자를 젖히고 구로키 옆으로 다가가 왼손에 장미 다발을 든 채 오른팔을 뻗었다. 구로키가 자연스럽게 다가와 제인을 두 팔로 껴안았다. 기다렸다는 듯이 눈을 감고 있는 제인의 촉촉한 입술을 그의 입술이 한참을 덮고 있었다.

제인은 구로키 교수의 프러포즈 사건을 아무에게도 이야기하지 않았다. 그렇게 아무 일 없었던 듯 시치미를 떼고 이튿날 저녁, 어머니에게 전화를 걸었다.

"어머니, 나 프러포즈를 받고 말았어요!"

"그래? 누구한테, 그 구로키 교수?"

"네, 구로키 말고 누가 있겠어요?"

"아니, 아직 복음을 받아들이지 못하는 사람 아니었니? 어쩌려고. 그래서 수락을 했단 말이야?"

"네, 수락했어요. 그가 며칠 전 서울 남산에서 복음을 받아들이고 예수님을 영접한다고 선서하듯 약속했거든요."

"그래 알겠다. 모든 게 입술로만 되는 것이 아니고 하나님 뜻이면 이루시는 법. 아버지에게도 말씀드리고 함께 기도하마. 좋은 꿈 꾸고 잘 자라."

"네, 어머니도요."

장거리 전화라 긴 통화는 아니었지만, 어머니가 이미 예상하였다는 것을 읽을 수 있었다.

제인은 민지에게 말해야 하나 며칠간을 망설이다가, 어느 날 저녁에 그간의 있었던 일을 빠뜨리지 않고 이야기했다. 민지는 제인의 속 깊은 태도에 무한 신뢰를 보내면서 그를 안아주었다. 그리고 자기의 일인 양 기뻐하면서, 당분간 학내에서는 비밀로 하겠다고 했다. 그 말에 제인은 콧날이 시큰해져 그녀의 가슴에 한참 고개를 묻고 있었다. 될성부른 나무는 떡잎부터 알아본다고 구로키 교수도 민지도 모두 하나님을 영접하려는 마음 바탕이 무르익어 있는 게 아닌가. 한마디 말을 해도 어찌 그리 미쁘게 하는지. 구로키 교수와 민지, 나라와 살아온 배경은 다르지만, 제인에게는 너무나 귀하고 가까운 사람들이다. 제인은 한국에 와서 뜻밖에 만남의 축복들을 허락하신 주님께 감사했다.

가을 학기가 시작되고 첫 번째로 맞는 주일, 제인과 구로키와 민지는 나란히 교회로 향했다. 청라언덕에 위치한 오랜 역사의 교회다. 교회 입구에 들어서자, 마치 하늘에서 그들을 위해 환영 행사를 여는 듯한 느낌이 들었다. 제인은 마치 자신이 믿음의 선배라도 되는 듯, 두 사람의 손을 잡고 본당 안으로 인도했다. 그때 안내 집사가 그들을 반색하며 영접했다.

"안녕하세요? 제인 양."

"네, 집사님, 잘 지내셨어요? 오늘은 친구 두 명과 함께 왔어요."

지난봄, 제인이 이 교회를 처음으로 방문했을 때, 마치 자신이 새신자라도 된 듯한 느낌이 들었었다. 그것은 문화와 인종이 다른 한국 교회에 와서 느낀 이질감만은 아니었다. 그것은 제인의 영적 상태가 알려주는 신호이기도 했다. 하나님을 믿는다고 생각했지만, 그간 형식적이고 메마른 종교 생활을 해왔던 그녀였다. 겉으로는 선교사 가정 출신의 신앙인이었지만, 내적으로는 새신자에 지나지 않았던 것이다. 그런데 오늘 구로키 교수와 민지를 인도하는 제인의 모습은, 마치 주님의 지상 명령을 온전히 수행하려고 애쓰는 제자의 모습을 닮아 있었다. 오늘은 구로키와 민지에게도 의미 있는 날이었지만, 할아버지의 뒤를 좇으려는 제인에게도 도약의 시간이었다.

그날 설교의 제목은 "믿음의 본질"이었다. 제인은 이제 막 신앙의 여정을 시작한 구로키와 민지에게 참으로 적절한 설교라고 생각했다. 설교의 내용은 대략 다음과 같았다.

믿음이란 무엇인가? 많은 사람들은 하나님의 말씀을 지적으로 동의하는 것을 믿음이라고 생각한다. 물론 믿음은 성경을 통해서 계시된 하나님의 말씀을 이해하는 과정이 필요하다. 이해함이 없다면 그것은 맹신이요, 참된 믿음이라고 할 수 없다. 하지만 믿음은 단지 지적인 차원에만 머무르지 않는다. 그렇다면 참된 믿음의 본질은 무엇인가? 우리는 예수님이 십자가에서 돌아가실 때 옆에 함께 달렸던 강도에게서 그것을 찾아볼 수 있다.

두 강도가 십자가에 달려 있다. 그들은 모두 자신이 지은 죄에 대한 대가를 치르고 있다. 그런데 한 강도는 예수님을 비방하면서 이렇게 말한다. "네가 그리스도가 아니냐. 너와 우리를 구원하라." 하지만 또 다른 강도는 그 사람을 꾸짖으면서 이렇게 말한다. "우리는 우리가 행한 일에 상당한 보응을 받는 것이니 이에 당연하거니와 이 사람이 행한 것은 옳지 않은 것이 없느니라." 그리고 그는 고개를 돌려 예수님을 바라본다. 그리고 이렇게 요청한다. "예수여, 당신의 나라에 임하실 때 나를 기억하소서." 그의 고백을 듣고 예수님은 이렇게 답하신다. "내가 진실로 진실로 네게 이르노니 오늘 네가 나와 함께 있으리라."

이 두 강도의 차이는 무엇인가? 둘 다 십자가 형을 받을 만한 죄를 지었고, 그래서 지금 죽어 가고 있다. 하지만 한 강도는 그리스도가 누구인지 알지 못했다. 그러나 다른 강도는 그가 누구인지 깨닫게 되었고, 자신의 죄인 됨을 보게 되었다. 그리고 그는 아무런 소망 없는 상황에서 자신의 영원한 운명을 그에게 맡긴다. 그리스도가 누구인지 마음의 눈으로 보고, 그에게 자신의 삶을 온전히 맡기는 것이 바로 믿음의 본질이다. 믿음은 바라봄이요, 온전한 의탁이다. 이러한 믿음을 가질 때 그분은 우리를 영접하실 것이다.

구로키 교수는 처음부터 묵묵히 설교를 경청했다. 그리고 자신 역시 십자가에 달린 강도와 다를 바가 없다는 사실을 깨달았다. 커다란 죄를 지어 본 적 없고 남에게 큰 피해를 주지 않고 살아왔기에, 스스로를 죄인이라고 생각해 본 적은 없었다. 하지만 이 설교를 들으며, 자신 역시 마음에서부터 부패한 죄인임을, 그 죄로 인해 자신도 형벌받을 수밖에 없다는 점을 깨닫게 되었다. 하지만 십자가에 달리신 그리스도가 곁에 있다. 그 그리스도께 자신의 죄를 고백하며 또 삶을 드리면 된다. 이것이 참된 믿음이고, 주님께서 이 믿음을 기뻐 받으신다.

구로키의 마음속에 말씀의 빛이 들어가고 있었다. 그는 자신의 마음 문을 두드리고 계시는 주님을 느꼈다. 그래서 설교 후 기도 시간에, 그는 목사의 인도에 따라 이렇게 기도했다.

"예수 그리스도님, 죄인인 저를 불쌍히 여겨 주셔서 감사합니다. 죽을 수밖에 없는 가련한 나를 사랑해 주시고, 내가 받아야 할 형벌을 대신 지고 십자가에서 죽으셨음을 믿습니다. 이 시간, 제 인생을 예수님께 맡깁니다. 주님만이 나의 구원이시오, 영원한 소망이심을 믿습니다. 나를 주님의 나라로 인도하여 주옵소서."

교회당을 나오자 선선한 가을바람이 불고 있었다. 구로키는 주변의 건물과 나무, 지저귀는 새들을 바라보았다. 그런데 그것들은 마치 처음 보는 듯 그에게 새롭게 다가왔다. 모든 것이 살아 있었고 아름다웠다. 모든 만물이 하나님을 찬양하며 구로키 자신을 환영하는 것 같았다. 아, 이것이 바로 용서받고 구원받은 자가 누리는 기쁨인가? 사랑받는 자가 누리는 평안이란 바로 이런 것일까? 그는 이제껏 경험해 보지 못한 환희를 느끼며 미소를 지었다.

구로키는 자신에게 일어난 일을 말로 표현하기에는 서툴렀지만, 그의 표정만큼은 숨길 수 없었다. 이제껏 드러난 적 없었던 교수의 표정을 본 제인은 자신이 뿌린 씨앗이 이제 막 싹이 났음을 깨달을 수 있었다. 이것이 바로 한 영혼이 회개하고 돌아왔을 때 하늘의 하나님과 천사들이 느끼는 기쁨인 것일까? 이것이 바로 할아버지가 척박하고 고통스러웠던 한국에서 일하며 복음을 전하셨던 원동력이었던 것일까? 복음을 전하는 자가 누리는 기쁨이 이러하다면, 그리고 복음 전도가 하나님께 영광을 돌리는 일이라면, 앞으로 어떠한 모습으로 살아가든지 복음을 전하는 일을 계속해야겠다고 제인은 다짐했다. 특별히 많은 일본인들이 구로키 교수처럼 복음을 받아들였으면 하는 소원도 품게 되었다.

16.

플레처 애락 선교센터

몇 년 전 「동무 생각」 노랫말을 되뇌며 청라언덕에 올랐던 한수는 서양 선교사와 그 가족의 유해가 잠든 은혜정원을 보고 깊은 감동을 받았었다. 그 계기를 통해 애락원 설립 100주년 기념식에 참석했고, 플레처 선교사의 자손 일행을 먼발치에서 바라보았었다. 그는 후에 플레처 선교사의 증손녀가 한국에 남아 할아버지의 행적을 탐구한다는 소식을 들었다. 그녀의 결심에 또 한 번 감동을 받은 한수는 그가 소속해 있는 역사문화 운동본부에서 그녀를 초대해 위로하는 시간을 가졌으면 하는 마음이 올라왔다. 이에 그는 본부의 이사장에게 제안했고, 이사장은 흔쾌히 받아들였다.

지인을 통해 제인의 연락처를 확보한 한수는 조금 긴장한 마음으로 전화를 걸었다.

"여보세요, 혹시 플레처 원장님의 증손녀 되시는 분인지요?"

"네, 맞습니다. 그런데 누구시죠?"

"네, 저는 역사문화 운동본부에서 일하는 김한수라고 합니다. 저희

단체는 플레처 원장님 같은 선교사님들이 한국 민주주의 발전에 기여한 바를 연구하는 곳입니다. 다름이 아니라, 제인 씨가 한국에 남아 뜻깊은 일을 하고 계시다는 말을 들었는데, 저희가 특별히 감사를 표현하고, 또 귀한 정보도 서로 공유했으면 하는 마음에 연락드렸습니다."

"아, 그러세요. 사실 저는 할아버지와는 달리 순전히 개인적인 이유로 이 일을 하고 있어서요. 제가 그런 대접을 받을 위치인지는 확신이 서지 않네요."

"저희가 플레처 원장님께 감사를 표현하는 또 다른 방법이라고 생각해 주시면 되지 않을까 싶습니다."

"그러시다면, 제가 다시 연락을 드리도록 하겠습니다."

며칠 후 제인은 역사문화 운동본부의 박 회장과 한수를 만났다. 그들은 서로에 대해서 잠깐 소개한 후 애락원으로 향했다. 오랜만에 들러 본 애락원은 이전과는 사뭇 다른 느낌을 자아내고 있었다. 할아버지의 숨결을 더 가까이서 느끼게 되었다고 해야 할까? 제인이 성숙해지는 만큼, 할아버지의 헌신도 더 깊게 다가왔다. 애락원을 빠져나온 차는 내당동에 있는 한 찻집으로 향했다.

"낯선 한국 땅에 와서 고생이 참 많지요?"

박 회장의 물음에 제인은 겸허히 대답했다.

"아닙니다. 오히려 제가 많이 배우고 있습니다."

"애락원 100주년 기념식 때 멀리서 보았는데, 이렇게 직접 만나게 되니 참 반갑습니다. 벌써 1년의 세월이 흘렀네요."

한수의 말에 제인도 동의했다.

"네, 시간이 정말 빠르게 지나간다는 생각이 드네요. 그간 참 많은 일들도 있었고요."

그들은 플레처 원장의 구료 사업과 복음 전도에 관한 에피소드를 서로 나누며 활기차게 시간을 보냈다. 박 회장은 플레처 원장의 업적에 관해 쓴 여러 기사와 글들을 제인에게 보여주었다. 쓴 이들과 시기가 각기 다른 글이었지만, 모두 플레처 원장에 대해 같은 목소리로 기리고 있었다.

"플레처 원장님께서 한국에서 섬기지 않으셨다면, 오늘날의 동산의료원과 애락원이 있을 수 있었을까요? 한 알의 밀이 땅에 떨어져 죽을 때 많은 열매를 맺는다는 말씀이 바로 원장님께 해당하는 말이네요."

"할아버지도 이런 큰 그림은 그리지 못하셨을 거 같아요. 그저 만나는 환자들 한 명 한 명을 사랑으로 돌보셨을 거라고 생각합니다. 할아버지는 그저 뿌리셨고, 하나님께서 자라나게 하신 거지요."

제인의 이 말에 한수는 자신의 질문을 덧붙였다.

"혹시 제인 씨는 애락원이 앞으로 더 자라고 발전해야 할 부분이 있다고 생각하세요?"

제인은 기다렸다는 듯 자신의 생각을 풀어놓았다.

"애락원 내에 할아버지의 삶과 정신을 계승한 선교 센터가 설립되었으면 하는 바람이 있습니다. 인도나 베트남, 인도네시아, 필리핀 등지에 아직도 한센병이 발병하고 있고, 치료해야 할 환자도 상당수가 있다고 합니다. 그들을 치료하고 복음 전하는 일을 주목적으로 하고요. 그리고 일본과 같이, 비록 경제적으로는 부요하지만 내적으로는 가난하고 깨어진 곳에도 복음을 전하는 일을 했으면 좋겠습니다. 제가 LA 타임스 칼럼에도 썼듯이, 일본이 변화되고 한국과의 관계가 회복되는 길은 복음 전도뿐이라는 생각이 들어서요."

이를 잠잠히 듣고 있던 박 회장은 제인의 말에 호응하며 말했다.

"플레처 원장님에게서 받은 은혜를 마음에 두어 옛날 우리처럼 어려운 이웃에게 베풀라는 말이군요. 참 좋은 생각입니다. 그것이 우리가 마땅히 해야 할 선한 의무라는 생각이 드네요. 그런데 제인 양이 굳이 일본을 언급한 이유라도 있어요? 일본은 우리보다 잘 살기도 하지만, 솔직히 복음 전도가 어렵다고 여겨지는 나라라서요."

"일본 역시 복음이 필요하고, 또 복음 전도가 가능한 곳이라고 생각합니다. 일본인도 한국인과 마찬가지로 감정에 둔감하지 않다는 사실을 최근에 알게 되었습니다. 그래서 그들 역시 하나님의 사랑에 대해서 마음을 열 수 있을 거라고 생각합니다. 쉽지는 않겠지만 포기하지는 말았으면 합니다."

이렇게 제인은 자신의 생각을 거침없이 나누었다. 마치 이 대화 속에서 하나님의 계획과 섭리가 드러나는 것 같은 느낌도 받았다. 이들은 애락원이 하는 모든 섬김을 축복하시도록, 주님이 애락원에서 시작하신 일을 끝까지 인도하시도록, 애락원을 통해 주님의 사랑이 더 넓고 더 깊게 흘러가도록 기도했다.

3월이었다. 3월에는 대한민국 전체가 태극기의 물결로 휩싸인다. 서울 광화문에서는 기념행사가 열리고, 지방에서도 지자체의 이름으로 열린다. 대구에서도 각 구청 단위로 행사가 열리는데, 특별한 단체에서 주최하는 행사도 있었다. 바로 대구 대봉교회에서 열리는 3·1절 기념 예배였다. 제인은 구로키와 민지에게 이 예배에 함께 참석하자고 제안했다. 구로키는 일본인으로서 3·1절 행사에 참여하는 자신의 모습을 그려 보며 놀라워했다. 긴장감과 기대감이 그의 내면에서 뒤섞이기 시작했다.

3월 1일 오전, 학생과 교인 1천여 명이 유관순 노래를 부르며 예배의 문을 열었고, 이어 유관순 열사의 나라 사랑에 관한 영상이 상영되었다. 유관순이 누구인가? 충청남도 목천 태생인 그녀를 특별히 오늘 이곳 대구에서 주인공으로 기리고 있는 것이었다.

1910년대 당시 충남 목천군 이동면은 서울과 공주를 잇는 교통의 요지였는데, 선교사들은 이 부근을 자주 왕래하며 교회를 세웠다. 이곳에서 자란 소녀 유관순은 어느 날 푸른 눈의 여성 선교사를 만났다. 선교사는 소녀가 교회에 나오는 것을 기뻐했고, 성경을 술술 암송하는 모습을 보고 기특하게 여겼다. 선교사는 자신이 세운 학교에서 소녀가 공부할 수 있도록 이끌어 주었다. 소녀가 중등 과정을 마쳤을 때 그를 자신의 양녀로 삼았고, 1916년에는 서울 이회학당에서 교비 장학생으로 공부할 수 있도록 인도했다. 그러니까 유관순은 선교사의 수양딸로서, 그녀의 도움으로 교육을 받았던 것이다.

미국 북감리회 소속으로 한국에 온 앨리스 해먼드 샤프(Alice Hammond Sharp) 선교사와 3·1 운동의 아이콘인 유관순 열사와의 인연은 이렇게 맺어졌다. 앨리스 선교사의 한국 이름은 사애리시(史愛理施)이다. 앨리스는 1903년에 한 살 연하인 로버트 샤프 선교사와 결혼했고, 1905년에 충남 공주로 내려가 충청 지역 최초의 근대 학교인 영명학교를 함께 세웠다. 하지만 남편 선교사는 노방 전도를 하던 중에 장티푸스에 걸려 1906년에 사망하고 만다. 앨리스는 남편을 영명학교 인근 언덕에 묻고 미국으로 귀국했으나, 1908년에 한국으로 다시 돌아와 선교 사역을 이어 갔다. 그녀는 만동여학교와 영화여학교 등을 세우며 여성 교육에 매진했다. 특히 영명학교는 유관순을 비롯한 특출한 여성 지도자들을 배출한 학교다.

앨리스는 1940년 일제에 의해 추방 조치를 당할 때까지 40년을 교육 선교에 힘썼다. 플레처 선교사가 의료 영역에서 기여했다면, 앨리스 선교사는 교육 영역에서 당시 교육받지 못한 많은 여학생들을 계몽하고 복음을 전하는 일에 힘썼다. 이들 선교사들의 헌신으로 인해 한국이 독립하고 발전할 수 있는 기초가 마련되었던 것이다.

영상이 끝나자 박희종 목사의 설교가 이어졌다. 그는 한국 교회가 죽기를 두려워하지 않고 민족에 대한 사랑을 보여준 유관순 열사의 애국 정신과 민족정신을 소유해야 한다고 강조했다.

세 사람은 예배를 마치고 나오면서 서로에게 한 마디씩 건넸다.

"오늘 같은 날 일본인인 나로서는 조금 위축되는걸? 그래도 한국인의 입장에서 독립운동을 바라볼 수 있게 되어서 큰 수확을 얻은 것 같아. 유관순이 선교사들의 영향을 받았다는 사실도 새롭게 깨닫게 되었고."

구로키 교수의 말에 민지가 나섰다.

"교수님 말씀대로 한국인들은 선교사들에게서 작지 않은 영향과 혜택을 받은 것 같아요. 오늘 우리나라가 이렇게 발전하게 된 배경에는 제인 할아버지와 같은 분들의 노고가 있었다는 점을 부인할 수 없을 것 같아요."

"유관순이 앨리스 선교사를 만나지 않았더라면 과연 우리가 알고 있는 유관순이 존재했을까요? 선교사들이 한국에서 헌신하지 않았더라면 오늘 한국의 모습은 어땠을까요? 쉽게 상상이 가지 않네요."

일본인 구로키와 미국인 제인, 한국인 민지 이렇게 셋은 독립 만세 100주년을 앞둔 시점에서 서로 한마음이 되었다.

아지랑이가 피어오르는 푸른 언덕에는 봄의 따스한 기운이 완연하다. 구로키와 민지와 헤어진 제인은 와룡산 기슭을 돌아 금호강변에 우뚝 서 보았다. 오늘은 이곳의 봄을 홀로 만끽하고 싶었기 때문이다. 마침 강변에는 이 고장 출신인 이상화 시인이 쓴 시가 있었다. 1926년 일제에 탄압을 받던 시대, 플레처 할아버지가 묵묵히 구료 사업을 하시던 때에 쓰인 시다.

지금은 남의 땅―빼앗긴 들에도 봄은 오는가?
나는 온몸에 햇살을 받고

푸른 하늘 푸른 들이 맞붙은 곳으로

가르마 같은 논길을 따라 꿈속을 가듯 걸어만 간다.

(…)

고맙게 잘 자란 보리밭아,

간밤 자정이 넘어 내리던 고운 비로

너는 삼단 같은 머리를 감았구나. 내 머리조차 가뿐하다.

(…)

아주까리기름을 바른 이가 지심매던 그 들이라 보고 싶다.

내 손에 호미를 쥐어 다오.

살진 젖가슴과 같은 부드러운 이 흙을

발목이 시리도록 밟아도 보고, 좋은 땀조차 흘리고 싶다.

다리를 절며 하루를 걷는다. 아마도 봄 신령이 지폈나 보다.

그러나 지금은 들을 빼앗겨 봄조차 빼앗기겠네.

일제 강점기 아래서 커져만 가던 한국인의 설움은 얼마나 안타까웠을까? 3·1 운동을 기념하는 오늘, 한민족이 느낀 비통함이 제인의 심령에도 다가왔다. 하지만 제인은 이러한 감정에만 머무르지 않았다. 그녀는 고개를 들어, 일본을 향해 구원의 손길을 내미시는 하나님의 심정을 느껴 보았다. 하나님의 이러한 마음은 구로키 교수에 대한 자신의 애정과도 연결되는 듯했다.

겨자씨 심는 마음

그 무렵, K 대학원 한국 문화학과에 특별한 초대장이 도착했다. 일본 오사카에서 열리는 세미나에 관한 초청장이었다. 세계 환단학회 총무이사인 안병우 교수를 초청해 "단군 조선과 천자 문화"라는 주제로 역사 세미나를 연다는 것이었다. 한국 역사학회에서 경비 일부를 지원한다는 점도 덧붙였다. 구로키와 제인은 고민 끝에 이 행사에 참여하기로 결정했다. 세미나 자체에 대한 관심 때문이기도 했지만, 무엇보다 구로키 교수의 부모님을 찾아뵙기 위해서였다.

구로키의 부모님은 오사카 이쿠노구에서 가게를 운영하며 살고 있었다. 구로키가 중학교 다닐 때쯤 일본 시코쿠 섬 도쿠시마에서 이쿠노구로 이사하여 20년 넘게 생활한 것이다. 제인은 구로키의 부모님을 뵈러 가는데 어떤 선물을 준비할까 한참 고심했다.

대구 공항에서 일본 간사이 공항까지는 직항로가 있다. 운행 시간은 1시간 30분이 채 걸리지 않는다. 대구에서 버스로 마산이나 안동에 가는 시간과 비슷한 것이다. 이렇듯 가까운 거리를 가는 것인데도, 그리고 비행기라면 이미 수십 번을 타 봤는데도, 제인은 평소와는 다르게 긴장되고 신경이 쓰였다. 이를 눈치챈 민지가 공항에 와서 배웅해 주었다.

"민지야, 공항까지 나와 줘서 너무 고마워."

"아니야, 가서 부모님 잘 만나 뵙고 좋은 시간 보내고 와. 교수님, 제인을 잘 부탁합니다."

"민지 양, 여러 가지로 고마워. 잘 다녀올게."

둘은 민지에게 마지막 인사를 건네고 비행기에 올랐다. 출발 직전, 비행기 앞좌석에 꽂혀 있는 잡지를 제인은 무심코 꺼냈다. "4월의 마음"이라는 글귀가 제인의 눈에 들어왔다. 제인에게 4월의 마음이란 어떤 마음일까? 설레는 마음일까, 아니면 긴장되는 마음일까? 무엇보다 제인은 기도하는 마음을 품어야겠다고 다짐했다. 주님께서 자신과 구로키의 앞날을 인도해 주시도록 맡기는 기도를 잠깐 올렸다. 비행기가 이륙하자 구로키가 입을 열었다.

"기분이 어때?"

"음, 좋아요. 설레기도 하고, 긴장도 되고요. 부모님을 뵌다는 생각에 조금은 두렵기도 한 것 같고요."

"부모님은 제인을 환영해 주실 거야. 그간 내가 제인에 대해서 좋게 말씀드렸거든. 그런데 사실 걸리는 게 하나 있어."

"그게 뭐예요? 혹시 국적이 다른 문제 때문인가요?"

구로키 교수의 자신 없는 목소리에 제인은 잠시 놀랐다.

"지난번에 부모님께 그 문제를 말씀드렸을 때에는 별다른 반응을 보이지 않으셨어. 그저 다음에 만나서 얘기를 해보자고 하셨거든. 그것보다는 내가 그리스도인이 되었다는 사실을 부모님이 어떻게 받아들이실지 걱정돼. 나 개인의 선택의 문제이기는 하지만, 혹시 신앙 문제로 갈등이 생기지는 않을지 내심 염려가 돼."

"그 문제는 정말 주님께 맡겨야 할 것 같아요. 주님께서 부모님의 마음을 만져 주셔서 이 상황을 잘 이해하시도록요."

"그리고 한 가지가 더 있는데, 우리 부모님이 다른 종교를 가지고 계신 것이 큰 문제가 될 수 있을까?"

"우리가 가장 소중하게 생각하는 분들이 바로 우리 부모님이잖아요. 가장 소중한 사람에게 가장 귀한 선물을 드리는 것이 마땅한 일이기도 하고요. 그래서 우리가 믿는 복음을 그분들에게도 전하는 일은 옳은 것 같아요."

며칠 전 구로키의 부모님께 드릴 선물을 준비하던 제인은 자신이 드릴 수 있는 가장 최고의 선물이 눈에 보이는 선물이 아니라 바로 복음임을 새삼스레 깨달았다.

잠시 후 비행기는 간사이 공항에 도착했다. 구로키는 잘 도착했다고 어머니께 전화했고, 이후 제인과 구로키는 리무진 버스를 탔다. 버스 안에서 구로키는 제인에게 몇 가지 일본이 표현을 가르쳐 주었다.

"일본어에는 시간대 별로 인사말이 있어. 아침 인사는 오하요 고자이마스, 점심 인사는 곤니찌와, 저녁 인사는 곤방와라고 해."

이 말을 들은 제인은 구로키에게 바로 답했다.

"아리가토 고자이마스. 그 정도의 표현은 저도 이미 익혔다고요. 앞으로 일본인들에게 복음을 전하려면 더 많이 노력해야 하겠지만요."

구로키는 제인의 배려를 확인하자 잔잔한 감동을 느꼈다.

구로키 교수의 본가는 오사카시 이쿠노구 가스야마푸의 편도 1차선 도로에 접해 있었다. 1층에는 가게들이 있었고 2층에는 다른 사람들이 살고 있었다. 3층에는 넓은 정원과 별실이 있었는데, 그곳에 구로키의 부모님이 살고 있었다.

구로키의 부모는 아들이 한국에 가서 일한다고 했을 때 크게 반대하지는 않았다. 한국에 대한 부정적인 선입견이 있지 않았기 때문이다. 오히려 아버지 구로키 요시노리는 자신의 외가가 한국의 안동이라는 사실을 어머니에게서 들은 적이 있어, 그에게 한국은 동화 속의 한 장소처럼 여겨졌다. 20여 년 전 어머니가 돌아가신 뒤 안동을 방문한 적이 있었는데, 가까운 친척 하나 찾을 수 없었다. 위안부가 자신의 가문에서 나왔다는 사실을 그들의 친척들마저 숨기고 싶었기 때문이다.

현관에 나와 있던 구로키의 부모는 아들과 함께 온 훤칠한 금발의 아가씨를 보는 순간 제인과 마찬가지로 긴장한 것 같았다.

"어서 와요. 먼 길 오느라 고생이 많았어요."

구로키 어머니가 제인을 보고 말하자, 제인이 고개를 깊이 숙이며 인사했다.

"안녕하세요? 처음 뵙겠습니다. 제인 플레처입니다."

구로키 부모와 제인은 짧은 한마디의 인사말만 나눴다. 그리고 제인은 그냥 우두커니 앉아 있다가 일어서서 창밖을 내다보고 있었다. 제인이 걱정하던 대로 부모님과의 첫 대면은 만만하지 않았다. 제인은 바깥 옥상정원에 나가 처음 보는 정원수와 꽃들을 신기하게 보고 있었다.

그러는 사이 구로키의 부모는 구로키를 안방으로 불러 심각한 표정으로 말을 꺼냈다.

"얘야, 쿠니히코야! 우리는 너희들이 이렇게 갑자기 집에 올 것이라고는 미처 생각하지 못했구나. 그리고 너는 제인과 앞으로 어떻게 할 계획이니? 둘이 결혼하려는 마음도 있는 거니? 그저 교제한다면 모를까, 저렇게 말도 잘 통하지 않는 미국 아가씨가 우리 집 며느리가 될 수 있을지 모르겠다."

여객기에서 주고받은 걱정이 예상보다 빨리 현실로 나타나고 있었다.

"마침 제인이 속해 있는 한국문화학과 세미나에 초대를 받아서 예정보다 앞서 오게 되었습니다. 그리고 제인과는 어머니 아버지가 허락하신다면 결혼하고 싶습니다."

이에 아버지가 어머니의 말을 곁들었다.

"너희들의 뜻은 서로 맞는지 모르겠지만, 결혼이란 신중해야 할 필요가 있어. 남녀가 서로 사랑한다고 모든 걸 다 덮지는 못하는 법이다. 굳이 상투적인 이야기를 할 필요가 있을까 싶다만 외국에 주둔했다가 만난 사람들 대개 불행한 결과가 비일비재하지 않더냐? 게다가 너는 구로키가의 장손이다. 우리는 노랑머리의 손자를 생각해 보지 못했다."

종교 문제로 조금은 갈등이 있으리라 우려한 정도를 훨씬 넘었다. 아버지는 후손까지 내다보고 심각하게 반대의 뜻을 보이는 것이었다. 부모님의 이런 반대의견을 제인이 안다면 얼마나 상심할까. 구로키는 부모님 앞에서 이렇게 진땀을 흘려보기는 처음이었다.

 그러나 구로키는 이 관문을 넘어서야 했다. 부모님이 우려하는 동양과 서양인의 만남에 대해서, 제인이 비록 서양 여인일지라도 가장 동양에 가까운 심성을 가졌음을 부각하는 수밖에 없다고 구로키는 생각했다. 아버지의 마음속엔 한국에 대한 연민이 자리하고 있음을 알고 있기 때문이었다.

 "네, 아버지 모두 옳으신 말씀입니다. 그러나 남녀의 사랑이 계획대로 되는 것은 아닌 것 같습니다. 외람된 말씀이나 하나님의 뜻이 있어야 되는 것으로 믿고 있습니다. 그리고 제인은 서양 아가씨라도 한국 아가씨 못지않게 한국과 일본 사랑이 넘치는 사람입니다. 말이 아직 능통하지 못한 것은 시간이 해결해 줄 겁니다. 미국에서도 유명한 대학을 나온 재원에다, LA 타임스 한국지사 기자입니다. 한국말도 반년 만에 능숙하게 하고 있습니다. 아버지……."

 구로키는 그의 아버지를 애소하듯 바라보았다.

 "그래? 매사에 똑 부러진 네가 어련하겠냐 마는, 혼사 문제는 그리 간단하지는 않단다."

 아버지는 아들의 말을 들어주고 싶은데 결혼문제는 가볍게 결정할 일이 아니라고 생각하는 모양이었다.

구로키는 강경한 아버지의 마음을 잠깐 가누시도록 하고 어머니의 마음을 먼저 얻어야겠다고 생각했다.

"어머니, 제인이 선물을 가져왔다고 합니다. 부모님께서 무엇을 좋아하시냐고 물어보기에, 어머니께서 차 생활에 취미가 있다고 한 적이 있습니다."

구로키는 정원에 나가 있는 제인을 불렀다. 제인은 미리 준비한 선물을 들고 왔다. 두 개의 상자를 꺼내 보였는데, 그 안에는 한국에서는 막사발이라 불리는 그릇이 담겨 있었다.

"아, 이거 이도다완(井戸茶碗) 아니야! 아주 귀한 건데. 다완은 한국산이 오리지널이지."

뜻밖에 어머니가 눈을 반짝이며 놀라는 것이었다. 구로키는 그의 어

기자에몬 이도다완
(일본 국보 제26호, 조선에서 만들어졌다고 함)

머니가 차(茶)생활을 즐기시는 줄은 알았지만, 찻사발을 보고 이렇게 감탄할 줄은 몰랐다. 이에 구로키는 제인이 자신이 강의하는 대학원의 한국문학과 2년 차 학생으로, 차 문화를 포함한 한국 문화를 열심히 공부하고 있다고 새삼스레 소개했다.

"그러면 말차를 타서 마시게 격불(거품내기)도 할 수 있을까?"

어머니의 그 말에 구로키는 제인을 쳐다보았다. 할 수 있겠느냐고 표정으로 물어보는 것이다. 제인은 망설임 없이 그렇다고 답했다. 아버지는 다완에 반색하는 부인의 거동을 물끄러미 보고만 있었다.

그리하여 선물로 가져온 새 다완을 씻어놓고, 집에 있던 라꾸다완(樂茶碗)과 말차(抹茶)와 차선(茶筅)을 내어오고, 주전자에 물을 끓였다.

일본의 다도가 유명한데 다완에 말차를 타서 거품(격불)을 내어 마시는 음차법은 일본의 다도에서 역사와 전통이 있다며 구로키의 어머니가 길게 설명을 하는 것이었다.

일본 다도의 창시자로 추앙받는 센노리큐(千利休)가 말차를 격불할 때 쓰는 다완이 일본의 국보로 지정되어 교토의 다이도꾸샤(大德寺)에 보관되어 있다. 그 다완을 임진왜란 때 잡혀간 조선인 도공이 조선에서 나는 흙으로 빚은 것으로 전해진다. 그래서 경상도 바다 가까운 마을에서 생산되는 이도다완이 일본에서 아주 인기가 높다는 것이었다. 센노리큐는 임진년 도요토미의 한반도 침입을 반대한 이유로 죽임을 당했다는 설이 있어, 한국인에게 잘 알려진 인물이라는 말도 덧붙였다.

그러니까 오늘 제인이 선물로 가져온 이 이도다완은 일본의 국보가 생산된 곳의 가마(하동 새미골窯)에서 만든 다완을 구해온 것으로, 구로키의 어머니는 새삼스레 제인이 한국 문화, 특히 차 공부를 하는 기특한 아가씨로 보이는 것이다.

  주전자의 물이 끓자 어머니는 말차를 제인에게 건넸다. 제인은 학과에서 실습한 대로 말차가루 적당량을 덜어 다완에 담고 끓인 정수를 부어 차선으로 격불하였다. 이 격불은 누구나 쉽게 할 수 있는 일은 아니었다. 상당 기간 수련과 실습을 거친 차인이라야 능숙한 격불이 되는 것이었다. 파란 눈의 아가씨가 조선 찻사발에 차선을 담고 격불하는 날렵한 손놀림을 보며 구로키의 어머니는 또 한 번 감동했다.

  제인이 K대학원 한국문화학과에서 차 생활을 익힌 경력이 어쩌면 일본 구로키가의 며느리가 되기 위한 선견지명이었는지도 모를 일이었다. 차인 제인이 향후 다도가 발달한 일본 지역 복음 선교에 유용하게 쓰임 받을 조짐을 보여주는 순간이었다. 한국에도 마침 지역별로 교회 신도들의 모임으로 기독교차인회가 있어, 상호교류를 통해 신앙생활과 복음 전도에도 도움을 주고 있었다. 다도가 절에서 불교인만이 즐기는 것으로 알고 있는 것은 잘못된 인식이었던 것이다.

  제인이 준비한 차 사발을 두 손으로 잡고 몇 모금씩 말차를 마신 이들 입가에는 웃음이 번졌고, 이내 집안에 화기로운 분위기가 넘쳤다. 차 생활과 다도를 소중히 여기는 이유가 이런 데 있는듯했다.

  이튿날이었다. 제인은 일찍 일어나 방을 정리하고 바깥을 내다보았다. 제인은 근처의 호텔에서 묵을 계획이었지만, 멀리서 온 손님인데 당연히 집에서 자야 한다는 어머니의 말에 그 집에 머물렀다. 방 창문 밖에는 여러 건물들이 즐비하게 세워져 있었고, 멀찌감치 청잣빛의 낮은 산이 시야에 들어왔다. 그리고 하늘도 꽤 푸르고 맑았다. 일본에서 맞는 제인의 첫 아침은 이토록 평화로웠다. 주위 풍경을 감상하고 있던 그때 거실 주방 쪽에서 소리가 났고, 이에 제인은 일어나 방 밖으로 나갔다. 그리고 구로키 어머니를 도와 아침 식사를 준비했다. 그들은 마치 사이좋은 어머니와 딸처럼, 비록 말은 잘 통하지 않았으나 서로 정답게 음식을 준비했다.

구로키와 제인은 아침 식사를 마친 후에 세미나장으로 향했다. 세미나장은 구로키의 집에서 2킬로미터쯤 떨어진 거리에 있었다. 그들은 제시간에 맞춰 행사장을 찾았다. 한국에서 온 손님과 일본 현지의 학자들 그리고 일반인들이 참석했다. 세미나가 끝나자 구로키와 제인은 유명 관광지인 오사카 성으로 향했다. 오사카 성벽 위에 올랐을 때, 파란 하늘 아래 푸르른 나무가 시야를 수놓고 있었다. 하늘에서 하나님은 이곳 오사카를 어떻게 보고 계실까? 그분은 이 땅에 대해 어떤 계획을 품고 계실까? 마치 나무가 싱싱한 나뭇잎을 풍성하게 내는 것처럼 이 땅에도 영적인 봄이 오고, 잃어버린 영혼들이 주님께 돌아오는 일이 속히 일어나도록 제인은 기도했다.

모든 일정을 마친 그들은 집으로 돌아왔다. 늦은 밤까지 부모님과 시간을 함께 보낸 제인은 먼저 잠자리에 들었다. 그 후에 부모님은 제인에 대해 더 자세히 알고 싶어 구로키에게 물었다.

"제인의 가족 배경은 어떤지 궁금하구나."

"네, 제인은 기독교 가정에서 태어나고 자랐어요. 제인의 증조부는 의사이셨는데, 100년 전 한국에 오셔서 나병환자들을 정성껏 돌보는 일을 하셨어요. 비록 강제로 추방당하기는 하셨지만, 한국에서 병자들을 치료하고 복음을 전하는 일을 하셨답니다. 그분의 신앙을 본받아 그의 후손 모두가 하나님을 섬기고 있어요."

"아, 그렇구나. 제인이 미국인이라 기독교를 믿지는 않을까 생각하고 있었는데, 그렇게 신심이 깊은 집안 출신인지는 미처 몰랐다."

"네, 제인이 한국에 온 이유도 할아버지의 신앙을 본받기 위함이었습니다. 그래서 저를 만날 수 있었고요."

"음, 기막힌 우연이로구나. 제인의 할아버지가 한국에 오지 않으셨다면 제인도 올 이유가 없었고, 그렇다면 너희는 서로 만날 일도 없었겠구나."

"네, 저는 하나님의 섭리가 있다고 믿습니다."

"아, 그럼 너도 기독교 신앙을 받아들인 거니?"

"네, 아직은 초신자 수준이지만, 시간이 길수록 기독교를 더 알고 경험하는 것 같습니다. 머리로만 아는 것이 아니라, 제 내면 깊숙한 곳에서 어떤 변화가 생겼다는 걸 느낍니다."

"음……."

"그리고 믿음을 가진 이후로부터, 저는 어머니 아버지를 위해서도 기도하고 있어요. 두 분도 하나님을 만나실 수 있도록요. 그것이 저와 제인의 가장 큰 기도 제목입니다."

"갑작스러운 말을 들어서 무어라고 대답해야 할지 난감하구나. 그간 우리는 불교를 믿고 신봉하지 않았니? 기독교를 믿게 되면 여러 가지로 변화가 많을 텐데. 일본 사회에서 기독교인으로 살아가는 것도 장애가 있을 거고……. 어쨌든 네가 말한 의미는 다 이해했다. 그러면 우리도 기독교가 어떤 종교인지는 한번 관심 가져 보마."

"감사합니다, 어머니 아버지."

일본을 떠나는 날 아침, 식사 자리에서 제인은 감사 기도를 드리고 싶다고 했다. 부모님은 기독교식 기도는 처음이라 약간 당황했지만, 제인의 마음이 느껴져서 그러라고 허락했다. 제인은 작은 목소리로 기도를 시작했다.

"하나님, 이번에 구로키 교수님과 함께 부모님을 찾아뵙게 해주신 것에 감사를 드립니다. 두 분에게서 환대와 호의를 입게 해주셔서 감사합니다. 주님, 두 분을 기억하셔서 건강을 주시고, 주님의 사랑과 은혜를 입을 수 있도록 도와주옵소서. 예수 그리스도의 이름으로 기도합니다. 아멘."

종교는 다르고 믿는 신은 달랐지만, 제인의 짧고 진실한 기도에 두 부모님은 마음으로 동의했다. 그리고 제인이 자신들을 부담스럽게 여기기보다 사랑으로 대하고 있음을 느낄 수 있었다. 제인과 부모님은 서로에 대해 따스한 마음을 간직한 채, 다음에 만날 날을 기약했다.

일본에 다녀온 지 한 달쯤 지났을 무렵, 제인은 구로키의 전화를 받았다.

"좋은 소식이 있어요."

"무슨 일인데요?"

"부모님께 오랜만에 전화를 드렸는데, 지난주에 가까운 교회를 방문하셨다고 하시네. 아는 지인이 교회에 다니는데, 행사가 있다고 두 분을 초청하셨대. 평소 같았으면 그냥 넘겼을 텐데, 제인의 기도가 생각나서 가 보고 싶은 마음이 드셨나 봐. 교회당에서 울려 퍼지는 찬양을 들으면서, 또 성도들의 환대를 받으면서 잔잔하고 평화로운 느낌을 받으셨다고 해. 그래서 다음 주에도 예배를 드리기로 하셨대."

"할렐루야, 감사합니다."

구로키가 전한 소식은 그야말로 기쁜 소식, 즉 복음이었다.

통화를 마친 제인은 벅찬 마음을 안고 와룡산 기슭 위로 올라갔다. 그리고 잠시 후에 구로키도 그곳에 도착했다. 둘은 손을 마주 잡고 서로를 바라보았다.

"하나님께서 일하고 계심이 느껴져요. 저와 교수님을 향해 베푸시는 은혜가 너무나 큰 것 같아요."

"응, 나도 주님이 이전보다 더욱 가깝게 느껴지는걸? 하나님께서 기도에 응답하시는 분이라는 사실도 알게 된 것 같아."

"할아버지가 뿌린 한 알의 겨자씨가 많은 열매를 맺고 있네요. 그 열매는 이제 막 교수님의 가정에도 맺히기 시작한 것 같고요."

"응, 하나님이 하시는 일이 참으로 놀라운 것 같아."

"우리 앞으로도 계속 기도해요. 이곳 한국에서, 그리고 일본 땅에서 하나님의 역사가 계속 이루어지도록요. 그리고 그 일에 우리가 작게나마 쓰임받을 수 있도록요. 할아버지께서 이미 걸어가셨던 부르심의 길, 그 이웃 사랑의 길을 함께 걸어가 봐요."

따뜻하고 상쾌한 바람이 그들의 얼굴을 간질거렸다. 마치 하나님께서 그들의 고백을 들으시고 응답하시겠다는 표증인 것 같았다. 때마침 저 아래 성서로에서는 그들의 고백을 환호하기라도 하는 듯 사이렌 소리가 경쾌하게 울리고 있었다.

아지랑이를 몰고 오는 봄바람과 함께 온 누리에 푸른 물결이 일렁였다. 시인 이상화가 일제에 봄을 빼앗겼다고 애통해했으나, 이제 빼앗을 자 없는 푸른 생명을 와룡산 언덕 위에서도, 금호강 언저리에서도 발견할 수 있다.

제인이 한국에서 체류한 지도 2년의 세월이 훌쩍 지났다. 제인은 그동안 한국 문화학과 석사 학위를 받았고, 총회 세계선교회(GMS)에서 선교사 훈련 과정도 이수했다. 출석하는 교회에서 외국인 선교 부장을 맡아, 다양한 국적의 사람들에게 영어와 한국어로 복음을 전하며 인도하는 일도 했다. 한편 구로키 교수는 K 대학 신학대학원 신학과에 등록했다. 현직 교수가 학생 신분으로 돌아가 신학 공부를 하는 것은 쉽지 않은 결정이었지만, 그는 하나님에 대해 깊이 알고 그분을 전하고 싶다는 소명감으로 도전했다.

한수는 우연히 100주년 기념관 앞에서 제인과 구로키를 만났다. 기쁜 마음에 서로의 안부를 묻던 중, 한수는 그들의 나이를 조심스레 물었다. 제인은 아무런 망설임 없이 자신은 스물아홉이고, 구로키 교수는 서른여섯이라고 답했다. 이제 결혼을 해야 하는 것 아니냐고, 하지 못할 이유라도 있느냐고 물었을 때, 제인은 특별한 이유는 없고 다만 복음을 전하는 일이 더 중요하기 때문이라고만 답했다. 제인과 헤어진 한수는 곧바로 역사문화 운동본부 이사장에게 전화했다. 애락원에서 플레처 선교사를 기리는 마지막 일을 건의하고 싶었기 때문이다.

그로부터 5개월이 지난 맑은 가을날, 애락교회 앞마당에는 화환의 행렬이 무지개를 이루며 진열되었다. 신랑 구로키 쿠니히코와 신부 제인 플레처의 결혼 축하 화환이었다. 양가의 가족과 친지들, 교회 성도와 학교 학생들, 지역의 인사 등 수많은 사람들이 인산인해를 이루며 이들의 결혼을 축하했다. 경상북도 지사는 결혼 축사를 했는데, 그 축사에는 다음과 같은 문구가 있었다.

"애락원은 경상북도 달성군과 칠곡군 등지에서 한센병에 걸린 주민들의 보금자리였다. 아무런 약도 없고, 다리 밑이나 토굴 속이 아니면 은신할 데도 없던 그 시절, 서양의 의료 선교사들 특히 플레처 원장의 섬김은 한 줄기 희망이요 빛이 되었다. 그의 사역을 통해 치료받은 많은 환자들과 경상북도 도민을 대표해서 하늘에 계신 플레처 원장님께 심심한 감사의 뜻을 전한다. 아울러 오늘 이곳 애락원에서 결혼식을 올리는 제인 양과 구로키 군에게도 큰 은혜와 축복이 있기를 빈다."

역사문화 운동본부 이사장의 축도로 결혼 예식은 끝났다. 불행과 고통의 역사로 점철된 애락원이 이렇게 기쁨과 축제의 현장이 되기는 100년 만에 처음이었다. 이후 순서는 마당놀이와 한국전통 민속공연으로 아름답게 마무리되었다.

정오의 햇빛은 하나님의 은총을 그대로 보여주듯 온 애락원을 비추고 있었다. 그날 LA 타임스와 주요 일간지는 다음과 같은 기사를 대서특필로 싣고 있었다.

"100년 전 한국에 왔던 미국인 의료 선교사의 손녀와 일본군 위안부 출신 할머니의 일본인 손자가 나병환자의 천국이었던 대구 애락원에서 결혼식을 올리다."

작가의 말

이 소설은 사실을 바탕으로 쓴 작품이다.

책이 잘 읽히지 않는 시대라고 한다. 화려한 영상 매체의 발달로 우리의 오감을 자극하는 이야기가 널려 있으니, 책이 귀찮을 수도 있겠다. 그러함에도 필자에게는 이 글을 써야 하는 절실한 이유가 있었다.

100년 전 우리나라는 참 어렵게 살았다. 빈곤과 질병과 무지로 황폐했다. 그런데 당시는 한 나라가 다른 나라를 넘보기도 했고, 또 그들과 교류하기도 했다. 조금 먼저 깨우치고 무기를 가졌다는 이유로 우쭐거리기도 한 시대였다.

20세기 초 대한 제국은 개화기로 접어들었다. 한국의 지배권을 놓고 청일 전쟁과 러일 전쟁을 벌인 일본은 을사조약과 국권 피탈의 순서로 한국을 끊임없이 핍박했다. 그런 가운데서도 서양 - 주로 미국 - 선교사들은 소리 없이 이 땅에 들어와 학교를 세워 무지를 일깨우고, 병원을 세워 병든 사람을 고쳐 주며, 선진 기술도 제공해 주었다. 그에 대한 대가가 있었다면 바로 복음을 받아들이는 일이었다. 이 복음은 자유와 민주주의를 같이 안고 옴으로써 공산주의의 끔찍한 침략을 막아 냈고, 오늘날 한국이 세계 10대 경제 대국으로 번영할 수 있도록 했다.

한국은 일본의 식민 통치가 가져온 온갖 모양의 핍박과, 선교사들의 봉사와 사랑이 낳은 축복을 동시에 경험했다. 필자는 이러한 핍박과 시혜가 극명하게 대비되는 역사의 현장을 직접 겪었고, 이 책을 집필하면서 다시 목격했다. 그것은 책 전반에서 발견되는, 감사의 눈물과 북받치는 비분이었다.

이 땅(대구와 영남 지역)은 한국 전쟁에서 낙동강 방어선을 수호함으로써 이 나라 자유 민주주의를 지켜 내, 오늘의 번영을 이룰 수 있었다. 그 은혜에 감사함은 말로 다하지 못한다.

이 책은 부모 형제도 멀리하는 불쌍한 나병환자 수백 명을 평생을 바쳐 치료한 의료 선교사 아치볼드 플레처의 40년의 애환을 그의 증손녀가 2년 동안 추적하는 장면을 재료로 삼고 있다. 거기에는 식민 통치로 인해 우리가 안고 가야 하는 위안부 및 징용 문제와 인권 유린이 도처에 널려 있다. 그 아픈 과거가 젊은 일본인 교수와 선교사의 손녀가 이 땅에서 만나 대화하고 갈등하며 화해하는 구조를 통해 전개된다. 이들을 통해 드러나는 사연에 필자 역시 긴장하지 않을 수 없었다.

등장하는 인물은 몇 분을 제외하고는 실명을 사용했으며, 지명과 연대 또한 사실에 근거함을 밝힌다.

한국에서 태어나 현재 미국에 거주하고 있는 플레처의 둘째 아들 도널드 플레처는 아버지를 기념하는 일이면 무엇이든 협조하겠다는 뜻을 표현했다. 향후 플레처의 행적에 관한 다큐멘터리를 제작하는 것도 그의 은혜에 보답하는 길이 아닐까 생각해 본다.

집필하는 매 순간 성령께서 주시는 은혜와 은사를 깊이 체험했음을 겸허히 밝힌다. 이 글을 쓸 수 있도록 도우신 하나님께 감사드린다.

2019년 7월
김진환

사명선언문

너희가 흠이 없고 순전하여……세상에서 그들 가운데 빛들로
나타내며 생명의 말씀을 밝혀 _ 빌 2:15-16

1. 생명을 담겠습니다
만드는 책에 주님 주신 생명을 담겠습니다.
그 책으로 복음을 선포하겠습니다.

2. 말씀을 밝히겠습니다
생명의 근본은 말씀입니다.
말씀을 밝혀 성도와 교회의 성장을 돕겠습니다.

3. 빛이 되겠습니다
시대와 영혼의 어두움을 밝혀 주님 앞으로 이끄는
빛이 되는 책을 만들겠습니다.

4. 순전히 행하겠습니다
책을 만들고 전하는 일과 경영하는 일에 부끄러움이 없는
정직함으로 행하겠습니다.

5. 끝까지 전파하겠습니다
모든 사람에게, 땅 끝까지, 주님 오시는 그날까지
복음을 전하는 사명을 다하겠습니다.

서점 안내

광화문점	서울시 종로구 새문안로 69 구세군회관 1층 02)737-2288 / 02)737-4623(F)
강남점	서울시 서초구 신반포로 177 반포쇼핑타운 3동 2층 02)595-1211 / 02)595-3549(F)
구로점	서울시 동작구 시흥대로 602, 3층 302호 02)858-8744 / 02)838-0653(F)
노원점	서울시 노원구 동일로 1366 삼봉빌딩 지하 1층 02)938-7979 / 02)3391-6169(F)
분당점	경기도 성남시 분당구 황새울로 315 대현빌딩 3층 031)707-5566 / 031)707-4999(F)
일산점	경기도 고양시 일산서구 중앙로 1391 레이크타운 지하 1층 031)916-8787 / 031)916-8788(F)
의정부점	경기도 의정부시 청사로47번길 12 성산타워 3층 031)845-0600 / 031)852-6930(F)
인터넷서점	www.lifebook.co.kr